Ticaret Ehli Müslimlere Nasihatler

Faruk FURKAN

www.arzusucennetolanlar.com
www.tevhidmeali.com
www.tevhiddersleri.org
www.tevhiddergisi.org
info@tevhiddergisi.net

Ticaret Ehli Müslimlere Nasihatler

Faruk FURKAN

Teknik Hazırlık: Dizgi
Tevhid Basım Yayın, 42546
Kirazlı Mh. Mahmutbey Cd.
No:120/A Bağcılar/İstanbul
Düzeltmeler
Faruk FURKAN

Baskı: Şenyıldız Matbaacılık, 11964

ISBN: 978-605-69350-0-8
1. Baskı, Mayıs/2019

İletişim: E-posta
tevhiddergisi@gmail.com
Telefon
+90 545 762 15 15
Posta
P.K. 51 Güneşli Merkez PTT
Bağcılar/İstanbul
Merkez
Kirazlı Mh. Mahmutbey cd. No:120/A
Bağcılar/İstanbul

Satış Noktaları, Tevhid Kitabevi
İstanbul : Kirazlı Mh. Mahmutbey Cd. No: 120/A 34212 Bağcılar/İSTANBUL 0 545 762 15 15
Ankara : Piyade Mh. İstasyon Cd. No: 190 Etimesgut/ANKARA 0 543 225 50 48
Diyarbakır : Kaynartepe Mh. Gürsel Cd. No: 90/A 21090 Bağlar/DİYARBAKIR 0 543 225 50 43
Konya : Mengene Mh. Büyük Kumköprü Cd. No:78/A 42020 Karatay/KONYA 0 543 225 50 49
Van : Vali Mithatbey Mh. Koçibey Cd. Armoni İş Mer. No: 14/D 65100 İpekyolu/VAN 0543 225 50 45

İÇİNDEKİLER

Ticaret Ehli Müslimlere Nasihatler 7
  Ahir Zamanda Ticaret 8
  Ticaretimiz Kulluğumuza Mani Değildir 11
  Yazılan Rızık Tıpkı Ecelin Gibi Adım Adım Seni Takip
  Edecektir 22
  1. İnsanlara Muhtaç Olmamayı Prensip Edin 37
  2. Ticaretinde Güzel Bir Niyet Taşı 41
  3. Evinden Çıkarken Dur ve Düşün… 44
  4. Çarşı Pazarların Günahın En Çok İşlenen Yerler Olduğunu
  Aklından Çıkarma! 46
  5. Çarşı Pazara İlk Giren ve Son Çıkan Sen Olma! 49
  6. İşine Erken Başlamayı Âdet Edin 51
  7. Dükkânını Açarken Allah'ı An 53
  8. Dükkân Komşularının Hâl Hatırlarını Sormayı
  İhmal Etme 55
  9. Kıyafetlerini ve Dükkânını Temiz Tut 59
  10. Dükkânında Müslimliğine Halel Getirecek Şeyleri
  Bulundurma! 63
  11. Selam Veren Müşterilerinin Selamlarını Al 67
    Müşrik Birisinin Selamı Alınır mı? 69
    Bu Meselede Dâr Ayırımı 74
  12. Ticaretinde *"Müsamahakârlığı"* Elden Bırakma 77
  Toleranslı Olmak Dünya ve Ahiretin Hayır Kaynağıdır 80
  13. *"İkale"* Sünnetini İhmal Etme 83
  14. Ticaretinde *"Emin ve Dürüst"* Ol 85

15. Ticaretinde *"Doğru Sözlülüğü"* Elden Bırakma 97
16. Ticaretinde Sözlerini Yerine Getir 105
18. Ticaretini Peşin Döndürmeye Çalış 138
19. Dükkanını Daru'l-Erkam'a Çevir 140
20. Ticaretin Allah'ı Anmaya ve Namazına Mâni Olmasın 145
    Gerçek Ticaret Nedir? 152
21. Malınla Cihad Etmeyi İhmal Etme 154
    Allah Bizden Borç İstiyor 169
22. Haramlardan Sakın, En Abid Kul Olursun 173
23. Faize Bulaşma! 178
    Ticaretimizde Neden Faize Düşüyoruz? 180
    Kredi Kartı ve POS Cihazı 185
24. Ticaretle Alakalı Muhtelif Nasihatler 190

Ticaret Ehli Müslimlere Nasihatler

Rahmân ve Rahîm olan Allah'ın adıyla...

Hamd, sayısız nimetleriyle bizlere ihsanda bulunan, lütuf ve keremiyle bizleri rızıklandıran ve ticareti helal kılarak biz kullarını insanlara el açma zilletinden kurtaran Allah'a olsun. Salât ve selam, hayatının her karesiyle Müslimlere rehberlik eden, ahlakıyla onları doğru yola irşad buyuran ve ticaretin esaslarını, nasıl yapılması gerektiğini, bu konuda nelere dikkat edileceğini, alışverişin kulluğa nasıl çevrileceğini gerek kavlî gerekse fiilî sünnetleriyle biz müminlere öğreten Resûl-i Ekrem'e, onun şerefli ailesine ve güzide ashabına olsun.

Değerli Kardeşim,

Yüce Allah imkân verirse ticaretle uğraşan bir Müslim olarak sana ticaretini nasıl kulluğa çevireceğine dair birtakım hatırlatma ve öğütlerde bulunmaya çalışacağız. Bu eseri okuduktan sonra senin; helalin ve haramın sınırlarını bilen, ticareti, kulluğa götüren bir yol kabul eden ve ticaretin tıpkı Asr-ı Saadet'teki gibi İslami kriterler çerçevesinde nasıl yapılacağını 21. yüzyılın insanına uygulamalı olarak gösteren hayırlı bir tacir olmanı ümit ediyoruz. Rabbimizden bu yazdıklarımızı öncelikle bize, sonrasında da sen değerli tacir kardeşimize faydalı kılmasını temenni ediyoruz. Hiç şüphe yok ki O, duaları işiten ve onlara en iyi şekilde karşılık verendir.

Biz, burada sana ticaret hususunda *"yapman gereken"* şeylerle *"sakınman gereken"* şeylerin neler olduğunu ana hatlarıyla anlatmaya çalışacağız. Bazen ibretlik kıssalara değinmeyi, bazen selefimizden nakledilen hikmet dolu sözleri aktarmayı da ihmal etmeyeceğiz. Bu sayede umulur ki faydalı bir netice elde eder ve sen değerli kardeşimize güzel ve yönlendirici bir mesaj iletebiliriz.

Şimdi başlıklar hâlinde anlatmak istediğimiz şeyleri zikretmeye başlayabiliriz.

❁ ❁ ❁

Ahir Zamanda Ticaret

Değerli tacir kardeşim, öyle bir çağda yaşıyoruz ki, bu çağın insanı artık para kazanarak zengin olmayı *"asrın temel hedefi"* kabul etmiş ve bu gayeye ulaşabilmek için helal haram sınırlarını gözetmeksizin her türlü alışverişi rahatlıkla yapabilir hâle gelmiştir. Bundan dolayı da ticaret ve ticarete götüren yollar bir hayli artmış, alım satım alabildiğine çoğalmış, buna paralel olarak tüketim de âdeta bir volkan gibi patlama yapmıştır. Oysa fazla değil, az biraz tarihi geri sardırdığımızda o zamanın insanının böylesine delice üretim ve tüketim tutkunu olmadığını rahatlıkla görebiliriz. O dönemde insanlar temel ihtiyaçlarını karşılayacak kadar üretip tüketiyor, geri kalan zamanlarında ise bu yaptıklarıyla hayatı *"tadında"* yaşamaya bakıyorlardı.

Bugün ise durum tamamen değişmiş vaziyette!

İnsanlar daha çok kazanç elde ettikleri ve önceki nesillere nazaran daha zengin oldukları hâlde dünyadan hakkıyla istifade edemiyor, lezzet alamıyor, bir haz duyamıyor ve oturup elde ettikleri nimetleri ağız tadıyla yiyemiyorlar! Ha bire çalışıyor, ha bire yoruluyor, ha bire mal biriktirerek daha çok zengin olma yolunda adımlar atıyor; ama ne yazık ki şu fâni dünyadan, ne hikmetse bir türlü tat alamıyorlar! Hatta durum öyle bir hâl almış ki, gündüzler kendilerine yetmiyor, daha çok kazanmak için Allah'ın istirahat edilsin diye var ettiği güzelim geceyi bile bu çalışma sevdasına kurban ediyorlar! İşte böylesine garip bir seyir hâlinde şu dünyanın geçici günlerini yiyip tüketiyorlar...

İşte insanların böylesi bir hedefi olduğu içindir ki, günümüzün ticaret potası bir hayli genişlemiş ve bilen bilmeyen, anlayan anlamayan, ehil olan olmayan herkes ticarete koyulur olmuştur. İşin aslı ticaretin bu denli artış göstereceği ve insanların tamamen kendilerini çalışmaya verecekleri bundan ortalama bin dört yüz yıl önce Peygamberimiz (sav) tarafından haber verilmişti. O, bir hadisinde:

"Şüphesiz ki kıyametin hemen öncesinde sadece özel kimselere selam verilecek, kadının, iş hususunda kocasına yardım edeceği kadar ticaret artacak, akraba ilişkileri kesilecek, yalancı şahitlik yapılacak, gerçek şahitlik gizlenecek ve kalem zuhur edecek/yaygınlaşacaktır."[1] buyurarak bu gerçeği dile getirmişti.

Başka bir hadisinde ise bu hakikati şöyle ifade etmişti:

"Tacirlerin çoğalıp, kalemin zuhur etmesi/yaygınlaşması şüphesiz ki kıyametin alametlerindendir."[2]

Bir başka hadisinde de şöyle buyurmuştu:

"(Ticaret öyle artacak, öyle artacak, ama) adam malı ile

---

1. Ahmed bin Hanbel, bk. Silsiletu'l-Ehâdîsi's-Sahîha, 647.
2. Tayâlisî, bk. Silsiletu'l-Ehâdîsi's-Sahîha, 3/247.

dünyanın dört bir yanına gidecek de döndüğünde 'Hiçbir kâr elde edemedim.' diyecek." [1]

Tüm bu hadisler, ahir zamanda nasıl bir ticaret yoğunluğu olacağını net bir biçimde gözlerimizin önüne sermektedir.

Bugün bizler, Allah Resûlü'nün (sav) haber verdiği bu hakikatle birebir karşılaştık. İnsanlar gerçekten de ticaret için dünyanın dört bir yanını geziyor; lakin geldiklerinde *"Hiçbir kâr elde edemedik."* diye hayıflanıyorlar.

Müslimler olarak bizlerin, zikredilen hadisler ışığında bu hakikati iyi idrak etmesi ve ona göre bir yol haritası belirleyerek sabitkadem asıl hedefimize doğru ilerlemesi gerekmektedir. Bu konuda sen sen ol, sakın ha bu potada eriyenlerden ve ticareti hayatının temeli kabul edip İslami davadan taviz verenlerden olma!

Ahir Zamanda Helal Rızık Temini Zorlaşacaktır

Ahir zaman, birçok şeyin zorla elde edileceği bir zamandır. Bu zamanda ilim, fıkıh, hikmet ve benzeri hayırları elde etmek zor olduğu gibi, helal rızık elde etmek de zor olacaktır. Çünkü bu dönem, insanların kahir çoğunluğunun bozuk olacağı ve helal haram sınırlarını gözetmede hassas davranmayacakları bir dönemdir. İnsanların geneli böyle olunca, geride kalan azınlık Müslimler de rızıklarını helalinden kazanmakta bir hayli zorlanacaktır.

Helal kazanç elde etmenin ahir zamanda zorlaşacağı, bundan yıllar önce yaşayan firaset ehli kimseler tarafından bize bildirilmiştir. Örneğin, İmam Evzai'nin (rh) şöyle dediği nakledilmiştir:

"Bize şöyle denilirdi: 'İnsanlar üzerine bir zaman gelir

---
1. Hakim, bk. Silsiletu'l-Ehâdîsi's-Sahîha, 3/247.

ki, o zamanda en az bulunacak şey; kafa dengi iyi bir arkadaş, helal yolla elde edilmiş bir dirhem ve sünnete göre amel etmek.'"* [1]

Helal lokma elde etmenin ahir zamanda zorlaşacağı gerçeğini idrak edince, bu dönemde –helal haram demeden– çok çok kazanmaya veya bol bol biriktirmeye değil, helal rızkı temin etme çabanı arttırman, bütün duygu ve düşünceni bu noktada yoğunlaştırman gerekmektedir. Sen Müslim bir tacir olarak eğer psikolojik açıdan bu gerçeği içselleştirirsen, o zaman işin zorluklarıyla mücadele etmen daha da kolaylaşır, reel hayatta karşılaşacağın sıkıntılar seni daha az yıpratır. Önemli olan bu gerçeği ön kabulle kabul etmendir. Unutma ki bir şeye inanman, onu yapabilmenin ön şartıdır. İçselleştiremediğin bir şeyi yapman dünyanın en zor işlerindendir.

Ticaretimiz Kulluğumuza Mani Değildir

Bazı kardeşlerimizin zihninde ticaretle uğraşmanın müttakice bir kulluğa mani olacağı şeklinde yanlış bir algı var. Bu kardeşler zannediyorlar ki, bir insanın Allah'a daha iyi bir kul olabilmesi için bir köşeye çekilip ilimle uğraşması, dünyadan el etek çekmesi, kendisini ibadete vermesi veya zahidâne bir hayat yaşaması gerekmektedir!

Hayır, hayır!

Bu doğru bir anlayış, sağlıklı bir İslam düşüncesi değildir. Çünkü Allah'ın dinini yeryüzünde ikâme etmiş bütün Peygamberler ticaretle uğraştıkları hâlde hakiki anlamda Allah'a kul olmuşlar ve kendi rızıklarını kendileri temin etmelerine rağmen zühd hayatını, hem de en üst seviyesinde yaşamışlardır. Bu gerçeği Rabbimiz Kitabı'nda şöyle dile getirir:

"Senden önce gönderdiğimiz resûllerden her biri, mutlaka yemek yer ve çarşı pazarda dolaşırdı." [2]

---
1. Hilyetu'l-Evliya, 8/355.
2. 25/Furkân, 20

Peygamberlerin çarşı pazarlarda dolaşmaları, gezip keyif almak veya insanlarla hoş vakit geçirmek için değildi elbette. Aksine onların pazarlara çıkmaları, maişetlerini kendi emekleriyle temin etmek ve insanlara muhtaç olmamak adına rızık kazanmak içindi.

Allah (cc), Furkân Suresi'ndeki bu ayetiyle, Peygamberlerin Allah tarafından doyurulması gerektiği, bu nedenle de çalışmalarının doğru olmadığı yönünde bir inancı olan Mekkeli müşriklere reddiye vermiştir. Buna göre Allah nazarında –Peygamber bile olsa– bir insanın, diğer insanlara muhtaç pozisyonda olmaması ve rızkını temin için çalışması gerekmektedir.

İşte biz buradan anlıyoruz ki, Allah'ın en sevgili kulları olan Resûl ve nebiler bile ticaretle uğraşmışlar, alıp satmışlar, yapıp üretmişler ve bu hâlleriyle Allah'a en iyi şekilde kul olmaya gayret etmişlerdi. Bunu da, tüm iş ve uğraşlarına rağmen bihakkın yerine getirmişlerdi.

Sadece Peygamberler değil, Allah'ın sevdiği tüm salih kullar da aynı minvalde bir hayat yaşamışlar ve yeryüzünde Allah'ın en müttaki, en sadık, en muhlis kulları olmalarına rağmen ticaretten ve rızık temininden bir an olsun geri durmamışlardır. İşte Ebu Bekirler! İşte Ömerler! İşte Osmanlar! İşte Abdurrahman bin Avflar! Ve işte hayatını ticaretle geçirmiş diğer sahabiler! Hepsi canlı birer portre olarak önümüzde durmakta ve çalışarak da Allah'a güzel bir kul olunabileceğini en net biçimde gözlerimizin önüne sermekteler.

Şimdi gelin, hep beraber Ebu Bekir ve Ömer'i (r.anhuma) hatırlayalım...

İslam tarihinin en zor savaşı diyebileceğimiz Tebuk Gazvesi'ne hazırlık aşamasında ordu ciddi anlamda maddi desteğe ihtiyaç duymuştu. Bu durum karşısında Ebu Bekir (ra) malının tamamını getirip Resûlullah'ın (sav) önüne koyarak, Ömer ise malının yarısını takdim ederek mal ile Allah'a nasıl kul olunacağını fiilen göstermişlerdi.

Osman'ı (ra) hatırlayalım... Hani Resûlullah (sav) Medine'ye geldiğinde, orada bir Yahudi'ye ait olan *"Rûme"* kuyusundan başka tatlı içme suyu bulamamıştı. Bu konuda Müslimlerle birlikte bir süre zorluk çekmiş, daha sonra bu sıkıntılı durumun imkânı olan bazı Müslimler tarafından giderilmesini arzulayarak *"Kim Rûme Kuyusu'nu, Cennette kendisine daha hayırlısının verilmesi karşılığında satın alır ve onu Müslimlerin istifadesine sunar?"*[1] buyurmuştu. Efendimizin bu temennisini duyar duymaz Osman (ra) öne atılmış ve hem Resûlullah'ın hem de Müslimlerin sıkıntısını gidermek için Rûme Kuyusu'nu satın alarak büyük bir fedakârlık örneği sergilemişti.

Tebuk Seferi'ne gidilirken de benzeri bir fedakârlık ortaya koymuş ve ordunun teçhiz edilmesinde en büyük katkıyı sağlamıştı. O gün için Müslimlere, üzerindeki tüm teçhizatıyla birlikte üç yüz deve hibe etmiş, ayrıca dört buçuk kilograma tekabül eden bin dinar altın para infakında bulunmuştu. Bu durum karşısında nasıl teşekkür edeceğini bilemeyen Efendimiz, *"Ey Allah'ım! Ben Osman'dan razıyım, sen de razı ol"* diyerek ona olan şükranını bu duasıyla ifade etmişti.

Mescid-i Nebevi, Müslimleri almaz bir vaziyete geldiğinde, Resûlullah (sav) bir yiğidin çıkıp mescidin etrafındaki bazı arsaları satın alarak bu sıkıntıyı gidermesini arzulamıştı. Sahneye yine tüccar bir sahabi olan Osman bin Affan (ra) çıkmış ve civarındaki arsaları alarak Mescid-i Nebevi'nin genişletilmesini sağlamıştı.

Saydığımız tüm bu fedakârlıklar, hep bu sahabilerin ticaret yapmaları neticesinde elde ettikleri maddi güç sayesinde olmuştu.

---

1. *Tirmizi*

Soruyoruz: Eğer onlar bu maddi imkânlara sahip olmasalardı bu büyük kulluk amellerini ortaya koyabilirler miydi?

Tabi ki koyamazlardı.

Onlar ticaretle uğraştılar, çarşı pazarlarda alıp sattılar, bağlarında bahçelerinde ter akıttılar ve bu şekilde cennetin en güzel yeri olan Firdevs'in, çalışarak nasıl kazanılacağını fiilen bizlere gösterdiler. Şayet onlar ticaret ve benzeri geçim vasıtalarıyla cennetin nasıl kazanılacağını bizlere göstermeselerdi, bizler –özellikle de bin bir garabetle dolu şu acip çağda– bu uğraşlarla da cennetin elde edilebileceğini inanın akıllarımızla idrak edemezdik. Aksine ümitsizliğe kapılır ve iç âlemimizde bunca günah yüküyle cennete nasıl namzet olacağımızın cevabını sorgulardık. Bu da bizi, Allah korusun ye'se/ümitsizliğe sevk ederdi. Neticesinde de helak olur giderdik... Ne var ki Allah, çalışmakla da rızasının kazanılabileceğini biz kullarına gösterdi.

• Bir keresinde Fudayl bin İyad (rh), Abdullah b. Mübarek'e:

"— Sen bize zühdü, az ile yetinmeyi ve ihtiyaç kadarını elde etmeyi emrediyorsun, biz ise senin ticaret malları getirdiğini görüyoruz. Bu nasıl oluyor, diye sual etmişti.

Bunun üzerine İbni Mübarek (rh):

— Ey Ebu Ali! Ben bunu ancak yüzümü (utanç verici şeylerden) korumak, haysiyetimi muhafaza etmek ve Rabbime itaate yardımcı olmasını sağlamak amacıyla yapıyorum, diyerek cevap verdi.

Bu cevabı alan Fudayl (rh):

— Ey Mübarek'in oğlu! Eğer becerebiliyorsan bu ne güzel bir şeydir, diyerek kendisini taltif etti." [1]

---

[1] *Siyeru A'lâmi'n-Nübela,* 8/387.

- *Seleften birisi şöyle anlatır:*

"Ben tarladan geliyordum. Muaviye bin Kurre[1] ile karşılaştım. Bana:

— Ne yaptın? diye sordu. Ben:

— Ailem için şunu şunu satın aldım, dedim.

— Helal yolla mı bunları aldın? diye sordu.

— Evet, dedim. Bunun üzerine şöyle dedi:

— Senin yaptığın işi yapmam, benim için geceyi kıyamla, gündüzü de oruçla geçirmemden daha sevimlidir." [2]

O neslin insanları helal rızık temini için çabalamayı gündüz oruç tutmaya, geceleri de teheccüd namazı kılmaya tercih ediyor ve bu şekilde helal lokma peşinde olan insanları teşvik ve taltif ediyorlardı.

Sen bu tür rivayetler üzerinde düşünerek, uğraştığın helal ticaretin öyle toplumumuz tarafından algılandığı gibi basit bir şey olmadığını anlamış olmalısın. Sen, helal rızık temini için koşuşturman nedeniyle gündüzlerini oruç, gecelerini de kıyamla geçiremesen de sırf bu işin nedeniyle Allah'ın razı olacağı bir amel ortaya koyduğunun bilincinde ol ve asla işini basite alma! İbadet ehli insanlar gibi olmadığını düşünme! Hiç şüphen olmasın ki eğer çoluk çocuğuna helalinden lokma götürme çabası seni gece ibadetinden alıkoyuyorsa senin bu çaban –biiznillah– sana gece ibadeti kadar ecir kazandıracaktır.

Burada sana fayda vereceğini umduğumuz güzel bir nükteye temas etmek istiyoruz. Bilindiği üzere Rabbimiz, Müzzemmil Suresi'nin ilk ayetlerinde Resûl'e geceleri kalkıp kıyam etmesini, namaz kılmasını ve Kur'ân okumasını emretmişti. Resûlullah Efendimiz de (sav) Allah'ın bu emrini

---

1. Bu zatın dedesi sahabidir ve hadis ilminde hatırı sayılır bir konuma sahiptir.
2. Sıfatu's-Saffe, 3/182.

harfiyen yerine getirerek geceleri kıyama durmuş ve uzun uzun namaz kılarak Rabbinin emrini icra etmişti. Onu gören müminler de, tıpkı onun gibi gecelerini bu saydığımız ibadetlerle ihya ettiler. Onların bu şekilde geceleri ibadete yöneldiğini ve uzun uzun kıyamda durup Kur'ân okuduklarını gören Rabbimiz şöyle buyurarak yüklerini biraz olsun hafifletmek istedi:

"Şüphesiz ki Rabbin, gecenin üçte ikisinde, yarısında ve üçte birinde senin ve beraberindeki bir grubun (namaz için) kalktığını bilir..."

"... (O hâlde) Kur'ân'dan kolayınıza geleni okuyun..."

Daha sonra bu kolaylığı neden sağladığının gerekçesini şu ifadeleriyle ortaya koydu:

"... Sizden hastalananlar olacağını, başkalarının yeryüzünde Allah'ın lütfunu arayarak yolculuk edeceğini, bir diğerlerinin Allah yolunda savaşacağını bildi." [1]

Dikkat ederseniz Rabbimiz burada üç sınıf insan zikretmektedir:

1. Hastalar,

2. Çoluk çocuğuna rızık götürebilmek için yollara düşen helal lokma talipleri,

3. Allah yolunda cihad eden mücahidler.

Rabbimiz âdeta bu üç sınıf insanın, içinde bulundukları durum nedeniyle Peygamberimiz ve ashabı gibi geceleri ibadetle geçiremeyecekleri için bir nevi gece kıyamından muaf olabileceklerini ima etmektedir. Yani eğer sen hastaysan veya çoluk çocuğuna helal rızık götürebilmek için yollara düşmüş biriysen ya da Allah yolunda cihad eden bir mücahidsen, bu durumda geceleri ibadet etmeyebilirsin!

---

1. 73/Müzzemmil, 20

Veya ibadetini uzun uzun kıraat yaparak değil, kısa sureler okuyarak hafif tutabilirsin. Çünkü senin içinde bulunduğun durum ve hâl, Allah katında gece kıyamı kadar değerlidir. Sen bu hâlinle geceleri Allah'ın huzurunda ayakta duran Müslimlerle –biiznillah– eş değerdesin!

İşte ey kardeşim, helal yollarla rızık teminin bu kadar önemlidir ve hakiki kulluğa mani olması şöyle dursun, aksine gerçek kulluğun ta kendisidir!

Neden biliyor musun?

Çünkü bir kulun, rızkını helal olmayan yollarla temin ettikten sonra gündüz oruç tutmasının, geceleri sabahlara kadar teheccüd kılmasının veya secdelerde yalvara yakara Allah'a dua etmesinin –midesine haram girdiği müddetçe– Allah katında hiçbir kıymet-i harbiyesi yoktur. Resûlullah *(sav)* buyurur ki:

"Bir kimse Allah yolunda uzun seferler yapar. Saçı başı dağınık, toza toprağa bulanmış vaziyette ellerini gökyüzüne açarak: 'Ya Rab! Ya Rab!' diye dua eder. Hâlbuki onun yediği haram, içtiği haram, giydiği haramdır ve haram ile beslenmiştir. Böyle birisinin duasına nasıl icabet edilsin ki?!" [1]

Sen zaten bu hadiste anlatılan insan tiplemesinden olmamak için çalışıyor, çabalıyorsun. Bu da seni günümüz şartları gereği belki de birçok nafile ibadetten mahrum bırakıyor. Ama seni temin ederiz ki, sen sadece bu sebeple nafile ibadetlerden mahrum oluyorsan, niyetini bozmadığın sürece bu sana nafile ibadet sevabı kazandıracaktır. Bunu, kitabın içerisindeki delillerden rahatlıkla göreceksin. Biz yeri geldikçe zaten bu noktaya özellikle dikkat çekmeye gayret edeceğiz.

Burada son olarak Ömer'in *(ra)*, kalbinin ta derinliklerin-

---
1. *Müslim*

den söylediğine inandığımız şu müthiş sözünü aktarmak istiyoruz. Bu rivayet üzerinde sakin kafayla birazcık düşündüğünde, bizim helal ticaretin önemine dair söylemiş olduğumuz şeylerin doğruluğunu anlamış olacaksın. O der ki:

"Allah, kendi yolunda öldürülmekten sonra bana, (çoluk çocuğum için) yeryüzünde rızık peşinde koşarken devemin iki semeri arasında ölmekten daha sevimli bir ölüm yaratmamıştır." [1]

Subhanallah!

Ömer gibi bir şahsiyet Rabbinden ya kendi yolunda şehit olarak ölmeyi ya da çoluk çocuğunun rızkını temin ederken can vermeyi istiyor! İnanın birisi bize gelse ve: *"Ben çoluk çocuğumun rızkını temin ederken can vermeyi istiyorum."* dese, biz adamı bir çırpıda ya *"mal sevdalısı"* olmakla ya da *"dünyaperest"*likle yaftalarız!

Allah için söyleyin, böyle yapmaz mıyız?

Oysa Ömer (ra) gibi şehadet sevdalısı bir insan *"Şehit olamazsam bari helal rızık temini için çabalarken canımı al."* diye Rabbine yalvarmıştır.

Yani Ömer'in gözünde alnı terli olarak ölmek, şehitlikten sonraki en değerli ölümdür. Bunun için de Rabbinden, şayet şehitlik nasip etmeyecekse, hiç olmazsa alnının teri ile canını almasını istemiştir. Ama Rabbi onun samimiyetini iyi bildiği için ilk temennisini ona nasip etmiş ve canını şehit olarak almıştır.

Şimdi Allah için soruyoruz:

• Hangimiz helal ticareti böyle değerli ve faziletli bir amel olarak kabul ediyorduk?

• Hangimiz bu şuurdaydık?

---

1. Mevsûatu İbni Ebi'd-Dünyâ, 7/450.

• Hangimiz bu konunun bu kadar mühim bir konu olduğunun farkındaydık?

Bunu düşünmemiz gerekir...

Ama Rabbimize hamd olsun ki, O bize bu kutlu insanların rehberliğinde gerçek faziletlerin ne olduğunu öğretti. Bu nedenle O'ndan, bu faziletleri güzelce idrak etmeyi ve bunlardan nasipdar olmayı bizlere kolay kılmasını istiyoruz.

Şunu net bir şekilde bilmeliyiz ki, faizin ve haramın cirit attığı şu toplumda böylesi bir ticaret çevirmek, hiç şüpheniz olmasın ki Allah yolunda can vererek şehid olmak kadar zordur. Bunun böyle olduğuna çarşı pazarlarda iş yapan herkes şahittir. İşte bu nedenle yirmi birinci yüzyılın Müslim taciri olarak meydanda duran sen muvahhid kardeşimizi, Ömer'in (ra) sözünü uzun uzun düşünmeye davet ediyor ve bu sözden bir hisse çıkararak helal lokmanın kıymetini kalbinin derinliklerinden hissetmeni öğütlüyoruz.

Ticaretimiz Dinimizi Öğrenmemize Mani Değildir

Bazı kardeşlerimizin, ticaretin müttakice bir kulluğa mani olduğunu düşündüklerini söyledik ve bunun yanlış olduğunu elimizden geldiğince izah ettik. Bazıları da bunun farklı bir boyutunu tasavvur ediyor ve ticaretin dini öğrenmeye, ilim tahsiline veya İslam'ı delilleriyle güzelce bilmeye mani olduğunu zannediyorlar. Bu da bir önceki anlayış gibi salt bir zandan ibarettir ve mutlaka düzeltilerek zihinlerden defedilmesi gerekmektedir. Tamam, her ne kadar ticaretle meşgul olan bir kimse, meşguliyetlerinin fazlalığı dolayısıyla ideal anlamda bir ilim talebesi olamasa da en azından dinini, akidesini ve ilmihâl bilgilerini delilleri ile öğrenecek kadar ilim tahsil edebilir. Yine Allah'ın Kitabı'nı ve Resûlü'nün sünnetini bir Müslimden istenen düzeyde anlayıp fıkhedecek kadar bir birikim yapabilir. Bunları yapamıyorsa, hiç olmazsa dinini düzgünce yaşayacak ve etrafındaki insanlara doğru bir şekilde tebliğ edecek kadar zaruri malumatları elde edip öğrenebilir. Yani kültürlü bir Müslim olabilir. Bu saydıklarımız inanın bir tacir için asla zor şeyler veya imkânsız şeyler değildir. Sadece bu noktada yapması ve dikkat etmesi gereken birkaç şey vardır. Bunlara dikkat ettiğinde kısa sürede bilgili bir Müslim olması işten bile değildir. Şimdi bunları kısaca birkaç madde hâlinde şu şekilde sıralayabiliriz:

1. Vakti güzel değerlendirmenin yollarını bilmeli,

2. Zamanı katleden boş iş ve boş konuşmalardan kendisini alıkoymalı, bunun yollarını öğrenmeli,

3. Kendisini meşgul eden eli boş, gönlü hoş, gereksiz ve lüzumsuz insan tiplemeleriyle arasına belirleyici bir mesafe koymalı, asla bu noktada gevşek davranmamalı,

4. Hayatına bir program yapmalı ve iş yerinde kendisine kalan vakitlerini bu program çerçevesinde değerlendirmeli,

5. Hayatını programlı yaşamış, vaktin değerini bilmiş ve zamanlarını çok iyi değerlendirmiş salih kimselerin ve meşhur âlimlerin hayat hikâyelerini bol bol okumalı. Mesela, bu bağlamda Hanbelî fakihlerinden Abdurrahman İbnu'l-Cevzi'nin, Şeyhu'l-İslam İbni Teymiyye'nin, İbni Akîl el-Hanbeli'nin ve Şafiilerden İmam Nevevi'nin zamanı güzel kullanmayla alakalı kıssaları okunabilir. Ama bu noktada bizce en faydalı olanı Abdulfettah Ebu Ğudde'nin kaleme aldığı ve *"İslam Âlimlerinin Gözüyle Zamanın Kıymeti"* ismiyle Türkçe'ye çevrilen nefis eseri mütalaa etmektir. Bir insan bu değerli eseri okuyup içerisinde âlimlerin zamanı nasıl yönettiklerini görünce,

ömründen nice güzel anları har vurup harman savurarak geçirdiğini anlayacak ve için için zayi olan ömrüne ah çekecektir. Lakin zararı yok; zira *"Zararın neresinden dönülürse kârdır."* fehvasınca bundan sonraki süreç güzel değerlendirilerek boşa geçen zamanlar telafi edilebilir.

Bugün, Allah'a hamd olsun ki ilim vasıtaları bir hayli fazlalaşmış, bilgiye ulaşmanın yolları oldukça kolaylaşmıştır. Bir insan yeter ki ilme ulaşmak istesin, artık eski çağlarda olduğu gibi onun önünde alıkoyucu engeller yoktur. Örneğin, âlimlerin ayağına gitmek için uzun yolculuklara çıkmaya ihtiyaç yoktur. Artık âlimler internet aracılığıyla veya bilgisayar vasıtasıyla dinleyicilerin ayağına gelmektedir! Hem de istedikleri zaman dinlemek, istedikleri zaman durdurmak gibi bir kolaylıkla!

Yine eski zamanlarda dersler sadece bir yerde yapılır ve ilim halkaları orada oluşturulduğu için insanlar mecburen o mekâna gitmek durumunda kalırlardı. Ama şimdi böyle değil. Artık ses oynatıcılarla ilim her yere gelmekte, istenilen mekânda dinlenilebilmektedir.

Ve yine önceki dönemlerde kitap bulmak en zor ve en meşakkatli işlerdendi. Âlimlerimiz bir kitap bulabilmek için diyar diyar gezer ve ancak bu sayede istedikleri esere ulaşırlardı. Esere ulaşsalar bile ona sahip olamazlar, onu çoğaltıp kendilerine de bir nüsha çıkarttırmak için uzun bir süre istinsahçıların yazmasını beklerlerdi. Bu da bir kitabı elde etmek için belki bir yıla, belki de yıllara mâl olurdu. Ama şimdi böyle değil! Artık kitaplar sanal ortamlarda dahi hizmete sunulmakta, insanlar okusun diye ücretsiz yayınlanmaktadırlar. Yeter ki insan okumak istesin...

İşte Müslim bir tacir olarak senin kendine düzgün bir program yaparak boş kalan vaktini değerlendirmen ve bu zamanını gerek kitap okuyarak gerekse ders dinleyerek geçirmen gerekir. Sakın ha bunca nimetten sonra mazeretler üretmeye kalkışma, zira elindeki nimetler bütünüyle mazeretleri ortadan kaldıracak niteliktedir. Bunca nimetten sonra Allah'ın huzurunda mesul olmayacağının garantisi ne? Sen mazeret üretmek yerine güzelce öğrenmenin yollarına bak, ticaretini kendisiyle cennet kazanılan bir vasıtaya çevir.

Şunu hiçbir zaman aklından çıkarma ki bizim şanlı ilim tarihimiz, ilmin gerçek talibi oldukları hâlde hayatlarını ticaretle geçirmiş tüccar âlimlerle doludur. Onlar tüm çağların en büyük âlimleri oldukları hâlde ticaretle meşgul olmuşlar ve asla ticaretlerini ilim tahsiline mani görmemişlerdir. Örnek istiyorsan Abdullah b. Mübareklere, Ebu Hanifelere, Muhammed b. Sirinlere, Sufyan-ı Sevrilere ve onlar gibi ticaretle ilmi mezcetmiş âlimlere bakman yeterlidir. Onlardan kimisi ya bezzâzdır[1] ya zeyyâttır[2] ya cessastır[3] ya da sabbâğdır[4]. Ama tüm bu sanatlarına rağmen ilim tahsilinden vazgeçmemişler, para kazanmayla ilmi bir arada götürmüşlerdir.

Sen de bu salih insanlar gibi; muhtaç olmamak, el açmamak ve insanlara mendil sallamamak için çalışacak ama bunun yanında dinini ve dinin ilkelerini öğrenmekten de geri kalmayacaksın. Bu iki şeyi bir araya getirebiliyorsan ne mutlu sana! Allah emeğini yağlı, ilmini mübarek kılsın!

Yazılan Rızık Tıpkı Ecelin Gibi Adım Adım Seni Takip Edecektir

"Dünyada en garanti şey nedir?" diye bir soru sorsak, buna hiç düşünmeden *"rızıktır"* diye cevap verebiliriz. Rızık, yazıldığı ve belirlendiği kadarıyla her insan için takdir edilmiştir ve kullar onu tamamlamadan asla bu dünyadan

---
1. Kumaşçı
2. Yağcı
3. Kireççi
4. Boyacı

göç etmeyeceklerdir. Ama ne gariptir ki, insanlar garanti edilen bu rızkın peşinde helal-haram demeden bir ömür tüketiyor; Allah'ın rızasına erecekleri, kabirde fitnelerden selamette olacakları, cehennemden kurtulup cennete gidecekleri gibi garanti edilmeyen meselelerde ise gereken çabayı harcamıyorlar! Yani garantisi olmayan şeyler için çalışmıyor, çabalamıyor; geleceği kesin garanti edilmiş şeyler için ise kendilerini tüketiyor, heder ediyorlar!

Resûlullah (sav), bu noktada hataya düşmememiz için bizi uyararak şöyle buyurur:

"Hiçbir nefis (kendisi için takdir edilen) rızkını bütünüyle elde etmeden asla ölmez. Bu nedenle Allah'a karşı takvalı davranın ve rızkınızı güzel/meşru yollarla arayın. Sakın ha rızkın gecikmesi, sizi, günah olan şeylerle onu aramaya sevk etmesin; zira Allah'ın katındakiler ancak O'na itaatle elde edilir." [1]

Bu hadis o kadar önemli, o kadar önemlidir ki, iş yerimizin en bâriz köşesine *"serlevha"* yapıp assak ve her gün ilk olarak bu hadisi okuyarak işimize başlasak çok yerinde bir iş yapmış oluruz. Bu nedenle dönüp tekrar tekrar onu okumanızı ve üzerinde kafa yormanızı tavsiye ediyoruz.

Tacir kardeşim, eğer rızık kesin takdir edilmişse ve takdir edilen bu rızık tamamlanmadan insan asla ölmeyecekse o hâlde bu aşırı koşuşturmanın, kendimizi yırtarcasına çabalamanın ve asıl görevlerimizi ihmal edecek kadar hırsa bürünmenin anlamı ne?

Niçin kendimizi paralıyor ve hep rızık korkusuyla yaşıyoruz?

Bir Müslim asla bu endişeleri taşımamalı, gereken sebeplere sarılıyorsa işin geri kalan kısmını her şeyi en iyi şekilde takdir eden Yüce Allah'a bırakmalıdır.

---

1. Hakim, bk. Silsiletu'l-Ehadisi's-Sahiha, 2866.

Burada rızkın gerek helal yolla, gerek haram yolla mutlaka insana erişeceğine dair kitaplarımızda zikredilen ibretlik bir kıssayı aktarmak istiyoruz.

Anlatıldığına göre bir gün Ali (ra) mescide gelmiştir. Mescidin kapısında da bir adam durmaktadır. Ali bu adamdan, kendisi mescidden çıkana kadar bineğine sahip çıkmasını ister, adam kabul edince de mescide girer.

Ali'nin (ra) mescide girmesinin hemen akabinde adam hayvanın yularını aldığı gibi kaçar. Hayvanı ortada başıboş bırakıverir. Ali mescidde işlerini bitirdikten sonra kapıya doğru ilerler. Eline de iki dirhem para alır, adamı yaptığı yardımdan dolayı ödüllendirmek ister. Fakat birde ne görsün! Hayvancağız tek başına, hem de yuları çalınmış olarak kapıda bekliyor!

Yapacak bir şey yoktur. Ali (ra) evine döner. Daha sonra yanında çalışan genci yeni bir yular alması için pazara gönderir. Genç iki dirheme bir yular alır. Ali yuları görünce şaşırır. Bu yular çalınan yular değil midir! Hırsız onu gence iki dirheme satmıştır. Bunu gören Ali şu güzel sözünü söyler:

"Kul sabretmeyi terk ederek kendisini helal olan rızıktan mahrum eder ve asla kendisine takdir edilen rızkı arttıramaz." [1]

Bu kıssa her ne kadar sened bakımından güçlü olmasa da, içerdiği anlam bakımından bizlere bir mesaj vermekte ve kulları helal yollarla rızık elde etmeye teşvik etmektedir. Herhangi bir ahkâma konu olmadığı için zikredilmesinde inşallah bir mahzur yoktur.

İşte, sen Müslim bir tacir olarak mutlaka rızkını helal yollarla elde etme gayretinde olmalısın. Harama düşmemeli, gayrimeşru yollara tevessül etmemelisin. Unutma

---

1. *El-Müstetraf fi Kulli Fennin Mustezraf*, Şihabeddin El-Ebşihi, 1/159.

ki sen rızık temini için helal yollarda çabalasan da veya haram yollarda koştursan da rızık eninde sonunda mutlaka sana erişecektir; amma helal yolla erişecek, amma haram yolla... Fakat muhakkak erişecektir. İlkinde sen helal için çabaladığından dolayı kulluk sınavını geçmiş sayılacakken, ikincisinde harama tevessül ettiğin için imtihanı kaybetmiş olacaksın. Ne gerek var kesin takdir edilmiş bir şey için haram yollara tevessül etmeye!

"Ey iman edenler! Size rızık olarak verdiğimiz temiz yiyeceklerden yiyin. Şayet yalnızca O'na kulluk ediyorsanız (yalnızca) Allah'a şükredin." [1]

Salih Mal, Salih Kişi için Ne de Güzeldir!

Mal sahibi olmanın, variyet içerisinde yaşamanın veya para ile meşguliyetin takva sahibi bir Müslim için iyi olmadığı düşünülür. Kimi zaman bizim de aklımıza paranın ve zenginliğin insanı bütünüyle Allah'tan uzaklaştıracağı, kulluktan alıkoyacağı gelir. Ama hemen belirtelim ki bu sadece bir zandır ve alelıtlak dillendirilmesi doğru değildir. Çünkü bizden önceki salih kimselerin uygulamaları, bu zannın çok net bir şekilde hatalı olduğunu ortaya koymaktadır.

Bu zannın zihinlerimizde yer etmesinin sebebi, muhtemelen etrafımızdaki insanların hatalı uygulamaları ve yanlış tasarrufta bulunmalarıdır. Ama Allah Resûlü'nün, Ashab-ı Kiram'ın ve ihsan ile onlara tabi olan salih insanların mala bakışlarını bilince, meselenin öyle olmadığı kolayca anlaşılmaktadır. Onlar nezdinde mal, usulüne uygun tasarruf edildiğinde insanı Allah'a yaklaştıran ve dine hizmetinde aracı olan güzel bir nesnedir. Mal helal, onu kullanacak kişi de salih olduğu zaman onu edinmekte, elde bulundurmakta ve biriktirmekte hiçbir mahzur

---

1. 2/Bakara, 172

yoktur. İnsan böylesi bir durumda maldan mahrum olan insanlara nazaran daha sakin bir gönülle Rabbine kulluk eder. Kafası ve zihin dünyası daha sükûnetli olur. Davasına karşı fedakârlığı azımsanmayacak kadar artar. İşte bu gibi nedenlerden dolayı iyi malın, iyi insanlar için çok hayırlı olduğu ifade edilmiştir. Resûlullah (sav) şöyle buyurur:

"Salih kul için salih/helal mal ne güzeldir!" [1]

Sened itibariyle zayıf bir rivayette de şöyle buyrulmuştur:

"Mal, Allah'tan korkup sakınmaya (takvaya) ne güzel bir yardımcıdır!" [2]

Müslim bir tacir olarak senin meseleye bu şekilde bakman gerekir. Yani helal yollarla mal edinip onu Rabbinin razı olacağı şekilde kullanman ve malı bu şekilde kulluğuna ve dinine hizmet aracı kılman gerekir. Sen böyle yaparsan senin variyetli ve zengin olmanda hiçbir mahzur yoktur. Aksine bu güzel ve hayırlı bir şeydir.

Kitaplarımızda malın yerilmesi, kötülenmesi ve onun kulluğa mani bir şeymiş gibi arz edilmesine dair nakledilen ifadeleri, helal yollarla elde edilmeyen, hakkı verilmeyen veya salih amaçlar doğrultusunda kullanılmayan mallara hamletmek gerekir. Eğer bir mal bu iki amacın haricinde elde bulunduruluyorsa o mal gerçekten de büyük bir sıkıntıdır, sahibi için mesuliyettir. Ama başlıkta zikrettiğimiz gayeye mebni olarak elde tutulursa –dediğimiz gibi– bu durumda ortada sakıncalı olacak hiç bir şey söz konusu değildir.

Ama şunu da hatırlatmadan geçmeyelim ki, malın fazlalığı hesabın da fazlalığını gerektirir. Bu nedenle çok malı olanlar, hesap gününde malı az olanlara nispetle daha

---

1. Buhari, el-Edebu'l-Mufred, İmam Ahmed, İbni Hibban.
2. Deylemi

uzun süreyle Mevkif'te bekletilecek, mallarının hesaplarını verdikten sonra ancak cennete girebileceklerdir. Bu hususu Resûlullah *(sav)* şöyle ifade eder:

"Muhacirlerin fakirleri, onların zenginlerinden beş yüz sene önce cennete girecektir." [1]

Bu bağlamda birçok hadis mevcuttur.

Fakirler, hesap verecekleri malları ve servetleri olmadığı için cennete zenginlerden önce gireceklerdir. Zenginler ise mallarının ve servetlerinin hesabını verecekler; nereden kazanıp nereye harcadıkları sorusuna muhatap olacaklar ve bu nedenle cennete girişte fakirlere nazaran gecikeceklerdir. Lakin bu, mutlak manada fakirlerin zenginlerden daha faziletli ve üstün olduğu anlamına gelmemektedir. Ebu Bekir *(ra)* zengin olduğu hâlde tüm ümmetin ittifakıyla diğer bütün fakir Müslimlerden cennette daha üst bir makamda olacaktır. Bunda en ufak bir şek, şüphe yoktur.

Şeyhu'l İslam İbni Teymiyye *(rh)* bu konuda şöyle der: *"Fakirler, hesaplarının azlığı nedeniyle cennete girmede zenginlerin önünde olacaklardır. Zenginler ise hesap dolayısıyla daha sonra cennete gireceklerdir. Ancak zenginlerden birisi hesaba çekildikten sonra şayet iyilikleri fakirin iyiliklerinden daha çok olursa –her ne kadar cennete girişi gecikse de– onun cennetteki derecesi fakirinkinden üstte olacaktır..."* [2]

Şeyhu'l İslam'a göre fakirlerin cennete önce girmelerinin sebebi, sırf fakirlikleri değil, hesaplarının az oluşudur. Zenginlerin gecikmelerinin sebebi de zenginlikleri değil, mal ve servetlerinin hesabını verecek olmalarıdır.

Öğrencisi İbni Kayyım da *(rh)*, bu konuda benzeri bir yorum yapmıştır. Şöyle der: *"Hadis, her ne kadar fakir-*

---

1. Tirmizi, İbni Mace.
2. Mecmuu'l-Fetâva, 11/121.

lerin zenginlerden önce cennete gireceklerine delalet ediyorsa da, fakirlerin derece ve makamda zenginlerden daha üstün olduğuna delalet etmez. Şükreden zengin ile adaletli hükümdar hesap vermek için cennete girmekte geç kalsa da, cennete girince derecesi ve makamı daha yüksek olur/olabilir." [1]

Dolayısıyla, zenginlerin daha zor hesap verecekleri gerekçesiyle helal mal edinmekten ve ticaret potanı helal ölçüler çerçevesinde artırmaktan korkmamalısın. Malının hakkını verdiğin ve dininin ikamesi için onu kullandığın sürece mal sahibi olmanın sana bir zararı yoktur. Sen, salih bir kul için salih bir malın güzel olduğu bilinciyle hareket etmeli ve gerek etrafında imkânı kısıtlı olan Müslimleri gözeterek, gerekse akidenin yayılmasına malınla destek vererek cennette üstün dereceleri elde etmenin yolarına bakmalısın. İşte o zaman elindeki malın senin için mahza hayır olur.

Amacın Mal Yığmak Olmasın!

Mal sahibi olmanın ve variyet içerisinde yaşamanın kötü bir şey olmadığını, usulüne uyduğu zaman bir Müslim'in zenginleşebileceğini söyledik. Ama bu söylemimiz bizleri mal yığmaya, dünyaperest olmaya ve para sevdalısı bir insan olarak yaşamaya sevk etmemelidir.

Bizim bu noktadaki ölçümüz; Rabbimize kulluğumuzu ve sorumluluklarımızı engellemeyecek kadar mal sahibi olmaktır. Bir insan bu seviyeyi aşarak mal biriktirmeye kalkışırsa, yani mal yığarken ve ticaretle meşgul olurken kulluğunu ve sorumluluklarını ihmal ederse, işte o zaman o mal onun için bir musibete ve bir vebale dönüşür. Böylesi bir mal anlayışına sahip olmayı asla tasvip etmiyor, bunun insanı helake götüren bir husus olduğuna inanıyoruz.

---

1. Sabredenler ve Şükredenler, s. 189.

Rabbimiz Kur'ân-ı Kerim'de yığınlarla mal biriktirip o malların hakkını eda etmeyenleri cehennemle tehdit etmiş ve bu malların yarın Kıyamet gününde kendileri için bir azap vesilesi olacağını bildirmiştir. Rabbimiz şöyle buyurur:

"... Altını ve gümüşü biriktirip Allah yolunda infak etmeyenleri can yakıcı bir azapla müjdele. (Zekâtını vermedikleri altın ve gümüşler) o gün ateşte kızdırılacak; alınları, böğürleri ve sırtları bu tabakalarla dağlanacak. "Bu, kendiniz için yığıp biriktirdiklerinizdir. Yığıp biriktirdiklerinizi tadın (bakalım)!" (denilecek.)" [1]

Bu ayet, mallarının hakkını eda etmeyenlere gerçekten de büyük bir tehdit içermektedir. Ama hemen belirtelim ki, bu ümmet içerisinde Ebu Zerr El-Ğifarî (ra) hariç, diğer âlimlerimizin hepsi bu ayeti hakkı ödenmeyen mala hamletmiş ve hakkı eda edilen malları bu kapsamdan çıkarmışlardır. Örneğin İbni Ömer (ra) şöyle demiştir:

"Zekâtı verilmiş mal, yedi kat yerin altında olsa bile yığılmış mal (yani sahibinin kendisiyle dağlanacağı kenz) değildir; zekâtı verilmeyen mal ise yer üstünde olsa bile yığılmış maldır (yani sahibinin kendisiyle dağlanacağı kenzdir)." [2]

Ebu Zerr (ra) ise, bir insanın ailesinin geçimini sağladığı malın ötesindeki her malı haram kabul etmiş ve bu ayetin böylelerini kapsayacağını söylemiştir.[3]

Lakin doğru olan görüş İbni Ömer ve benzeri sahabilerin görüşüdür.

Bizler her ne kadar İbni Ömer'in (ra) görüşünün doğru olduğuna inansak da, bu görüş doğrudur diye temel he-

---

1. 9/Tevbe, 34-35
2. Bk. İbni Kesir Tefsiri, 5/161.
3. Age. 5/166.

defimizi mal yığmak olarak belirleyemeyiz. Biz dünyada *"kulluğumuza"* ve *"sorumluluklarımıza"* mani olmayacak kadar mal edinmenin derdinde olmalıyız. Bunun ötesini Allah'ın bir imtihanı kabul etmeli ve ille de zengin olacağız diye kendimizi kasmamalıyız. Lakin eğer bir kardeşimiz ticaretteki kabiliyet ve yetenekleri nedeniyle kısa yollarla çok mal elde edebiliyor ve bu noktada kulluğundan ve sorumluluklarından da taviz vermiyorsa, ona da *"Allah mübarek etsin."* demekten geri durmuyoruz.

Malumdur ki kimi insanlar vardır çalışır, çabalar ama bir türlü maişetini temin edecek rızıktan başkasını elde edemez. Ay sonunu ancak getirebilir. Kimileri de vardır ki, beş dakikada öbürünün bir ayda kazanacağını kazanır. Az çabayla çok gelir elde eder. Ortada böylesi inkâr edilemez bir realite vardır. Bundan dolayı bahtı açık diyebileceğimiz bu tür insanların ticaret alanlarını kısıtlamak, önlerine set çekmek ve onları elde edecekleri helal ve bol rızıktan mahrum etmek uygun düşmez. Bu kardeşlerimize yine şu iki hususu hatırlatıyor ve bu çerçevede rızık temin etmelerini kendilerine öğütlüyoruz:

1. Rızık temin ederken kulluğunuzdan asla taviz vermeyin.

2. Sorumluluklarınızı hiçbir zaman ihmal etmeyin.

Bu iki hususa riayet ettiğiniz müddetçe istediğiniz kadar mal elde edinebilir, dilediğiniz şekilde ticaret yapabilirsiniz. İnşallah bu, Tevbe Suresi'nde konu edilen *"mal yığma"* kapsamına dâhil değildir.

Tüm bu anlattıklarımıza rağmen Efendimizin (sav) şu tavsiyesini de kulak ardı etmemeliyiz:

"Sizden her kim ehli iyali arasında güvenli bir şekilde, bedeni sağlıklı olarak ve bir de yanında o gününün rızkı

bulunduğu hâlde sabaha erişirse, (bu durumda) dünya sanki bütünüyle ona verilmiş gibidir." [1]

Hadiste üç nimetin önemine vurgu yapılmıştır. Bu nimetler şunlardır:

1. Emniyet nimeti,
2. Sağlık nimeti,
3. Günlük rızkın temini nimeti.

Bir insan bu üç nimete sahipse, sanki o, dünyanın en zengin adamıdır. Bunun ötesi ise Allah'ın, kullarından dilediğine bahşettiği lütfu ve ihsanıdır.

Bir Müslim her ne kadar ticarette bahtı açık olsa da bilmelidir ki en büyük nimet gününün rızkını elde etmiş olmaktır. Bunun ötesi Allah'ın ikramıdır. O, bu ikramını kullarından dilediğine verir.

Sen Müslim bir tacir olarak sakın ha işler iyi gitmediği zaman bazı cahillerin yaptığı gibi rızkın darlığı konusunda haddi aşacak sözlerde bulunma! Günlük rızkını temin etme imkânına sahipsen Rabbine sonsuz şükret. Bil ki bu, en büyük nimetlerdendir.

İşte bir Müslim'in yegâne gayesi budur. Yani helal yollarla günlük rızkını temin etmek... Ama imkânı olanlar bu gayeyi aşıp Allah'ın verdiği yetenekler sayesinde rızık alanlarını helal yollarla genişletebilirler. Fakat bundan dolayı haram yollara tevessül ederlerse, o zaman ayette mevzu bahis edilen *"mal yığanlardan"* ve cehennemle tehdit edilenlerden olurlar. Sen sakın ha zengin olabilmek için haram yollara tevessül edenlerden ve yığınlarla mal biriktirme peşinde gidenlerden olma!

Ne mutlu günlük rızkı kendisine kolay kılınan ve ticareti kulluğuna mani olmayanlara!

---

1. *Tirmizi*

Ticaret İnsanların *"Mihenk Taşı"*dır

Bir kişinin ne kadar kaliteli olduğunu ve esnaflık boyutunun hangi düzeylerde seyrettiğini öğrenmek istiyorsan, onun söz ve amel uyumuna, ticaret anlayışına ve en önemlisi para ile olan muamelesine bakman yeterlidir. Para ile olan muamelesinde başarılı olanların, diğer muamelelerinde de başarılı olması umulur. Unutmamak gerekir ki para, insanların kalplerini mıknatıs gibi çeken bir maddedir. Çekim gücü oldukça yüksektir. Kalplerinde bu etkin çekim gücüne karşı direnç bulunmayanların, kolaylıkla onun cazibesine kapıldığı ve bir anda kimlik ve kişiliklerinden ödün vererek onun etrafında dönmeye ve onunla beraber hareket etmeye başladıkları görülür. İşte bu açıdan, bir insanın paraya karşı zaafının olup-olmadığını tespit ederek onunla muameleye girişmek son derece önemlidir.

Sen bu noktada sakın ha muamelede bulunduğun insanların saçlarına, sakallarına, şalvarlarına veya muhataplarının yüzlerine uçuşturdukları yaldızlı sözlerine bakma! Çünkü sadece bunlara bakarak karar verirsen, muhakkak yanılır ve hataya düşersin. Allah bile insanların saçına, sakalına veya dış dünyaya yansıttıkları görünümlerine göre hüküm vermeyecektir. Aksine O, kalplerde yer eden inançlara ve bu inancın tezahürü olan amellere göre hüküm verecek, bunlarla onları yargılayacaktır. Peygamber Efendimiz (sav) şöyle buyurur:

"Hiç şüphe yok ki Allah sizin bedenlerinize ve yüzlerinize değil, fakat kalplerinize ve (ortaya koyduğunuz) amellerinize bakar." [1]

Rabbimiz de Kitabı'nda, kendisine en yakın olan insanların mal mülk sahibi veya güç/kuvvet sahibi olanlar değil, aksine hayatını iman ilkesine göre yaşayan ve bunun

---
1. Müslim

neticesinde ortaya kendisinin razı olacağı salih ameller koyan kimseler olduğunu bildirmiştir:

"Mallarınız ve evlatlarınız, sizi bize yakınlaştırmaz. (Bize yakınlaşacak olanlar) iman edip salih amel işleyenlerdir. İşte bunlara, yaptıklarına karşılık kat kat arttırılmış bir mükâfat vardır. Ve onlar, (özel konuklar için hazırlanmış) odalarda güvendedirler." [1]

Eğer bir insan dili ile iman ettiğini söylüyor ve bu imanın kendisinden istediği bir yaşam tarzını *"amelleri"* ile dış dünyaya yansıtıyorsa, işte bu insan Allah'a yakın olan ve kendisine güvenilmesi gereken bir insandır. Yok, eğer dili ile inandığını söylediği değerlere amelleri ile muhalefet ediyor ve söylemleri ile eylemleri arasında bariz bir farklılık ortaya koyuyorsa, işte bu insan da Allah'tan uzak olan ve kendisine güven duyulmaması gereken bir insandır. Sen bu iki tiplemeyi iyi ayırt etmeli ve muamelede bulunduğun insanları bu perspektiften bakarak değerlendirmelisin.

Kimileri var ki; saçlı, sakallı, şalvarlı ve hatta sarıklı oldukları hâlde *"Ticareti kuralına göre oynamalıyız!"* terennümünü dillerine dolamakta ve *"O ayrı, bu ayrı!"* diyerek İslam'ın öğretilerini ticaretlerinden çıkarmaktadırlar. Böyleleri, yeri geldiğinde menfaatleri icabı kulların haklarını ayaklar altına almaktan ve parayı temel kabul edip diğer şeyleri teferruat addetmekten bir an olsun geri durmazlar. Hiç kuşkun olmasın ki bunlar, Allah'ın hakları söz konusu olduğunda da aynı tavrı sergiler ve *"hukukullahı"* bir çırpıda çiğneyiverirler! Zira kulların haklarını gözetmeyenlerin, Allah'ın haklarını gözetmesi oldukça zordur. Tıpkı kullara teşekkür etmeyi bilmeyenlerin, Allah'a teşekkür etmeyi bilmesinin çok zor olduğu gibi...

Bu zihniyette olanlara şunu hatırlatmak isteriz: Eğer ticaret kuralına göre oynanacaksa, muvahhid Müslim

---

1. 34/Sebe', 37

bir şahsiyet için bu kuralları Allah belirler. Çünkü O, tüm kâinatın kanunlarını tayin eden ve bütün mahlukata riayet edecekleri hayat ölçülerini koyandır. Ama *"O başka, bu başka!"* diyerek kendilerini İslam'ın ticaret öğretilerinden uzak tutmaya çalışanlar için bu kuralları belirleyecek elbette birçok merci, birçok makam vardır. Böyleleri ticaretlerini istediği kural çerçevesinde oynayabilirler; tabi neticesine katlanmaları şartıyla!

Başlığın girişinde de dediğimiz gibi, ticaret ve para ile olan ilişki, insanı ele veren ve onun nasıl bir karaktere, hangi kişilik ve ahlaka sahip olduğunu deşifre eden bir *"karine"*dir. Kişi eğer ticaretinde düzgün, alışverişinde emin ve para ile muamelesinde güvenilir ise bu genel anlamda onun hayatın başka alanlarına serpiştirilmiş diğer amellerinde de düzgün ve müstakim olduğunu gösterir. Lakin ticareti bozuk, alışverişi problemli ve para ile olan muamelesi sıkıntılı ise bu genel anlamda onun diğer amellerinde de eğri olduğunu gösterir. Bundan dolayıdır ki âlimlerimiz ticaretin insanlar için bir *"mihenk taşı"* olduğunu ifade etmişler ve bir insanı hakkıyla tanımak için onun para ile olan muamelesine bakmanın önemli oranda yeterli olacağını söylemişlerdir.

Yani vur insanı ticarete, kaç ayar olduğu ortaya çıksın!

Bunun elbette istisnaları olabilir. Yani bir insanın para ile ilişkisi düzgün, ticareti müspet olduğu hâlde yine de diğer meselelerdeki davranışları istenmeyen bir hâlde olabilir. Altını çizmeye çalıştığımız şeyin genel anlamda geçerliliği olduğu atlanmamalıdır.

Bu konuya değinildiğinde Ömer (ra) ile bir adam arasında geçen şu kıssayı nakletmemek olmaz. Bu kıssa, gerçekten de çok ibretliktir ve bir insanı tanımanın en temel yollarını bizlere öğretmektedir.

Kıssada bir insanı gerçek manada tanımanın üç temel

hususundan bahsedilir. Hakikaten de bir insanı en iyi şekilde tanımak istiyorsanız bu üç şeyle onu deneyebilir, ardından da onun nasıl bir kişiliğe sahip olduğuna kanaat getirebilirsiniz.

Âlimlerimiz tarafından *"sahih"* olduğu belirtilen ve hemen hepimizin bir münasebetle duymuş olduğu o meşhur kıssa şu şekildedir:

"Bir adam, Ömer'in yanında bir konuda şahitlikte bulunur. Şahitlik meselesi önemli olduğu ve tahkik edilmesi gerektiği için Ömer adama:

— Ben seni tanımıyorum, lakin bunun bir zararı yok. Sen şu durumda bana seni tanıyan birini getir, (onun senin hakkındaki şehadetiyle senin şahitliğini kabul edeyim) der.

Orada bulunanlardan birisi hemen söze karışıp:

— Ben onu tanıyorum, diye atlar.

Bunun üzerine İslam'ın ikinci halifesi, adaletin timsali Ömer (ra) adama sorar:

— Onu nasıl bilirsin? Adam:

— Emin ve adil bir adam olarak, der.

Ömer (ra) tekrar sorar:

— Acaba bu adam gecesini gündüzünü, girişini çıkışını bildiğin yakın bir komşun mudur?

— Hayır.

— Peki, insanın takvasını ortaya koyan dinar ve dirhemle muamelede bulunduğun (ticaret yaptığın) biri midir?

— Hayır.

— Acaba, insanın ahlakını ele veren yolculukta arkadaşlık ettiğin biri midir?

— Hayır.

Adam bu üç soruyu da olumsuz cevaplayınca, Ömer kendisine dönerek şu meşhur ve tarihi sözlerini söyler:

— Sen onu tanımıyorsun!

Ardından da şahitlik yapan ilk adama döner ve:

— Haydi, git de, bana seni tanıyan birini getir, der..."[1]

Ömer (ra), İslam'ı ve yaşanan hayatın realitesini çok iyi bildiği için, bir insanı tanımanın temel yollarını karşı tarafa sormuştur. Zaten Ömer gibi insan sarrafı olan bir şahsiyetten de başka bir şey sorması beklenmezdi! Çünkü bu üç madde, gerçekten de bir insanı ele veren, onun nasıl bir karaktere sahip olduğunu ortaya koyan temelleri anlatmaktadır. Bunları müspet cevaplarla geçen birisi şahitlik etmeye de, dostluk yapmaya da, kendisiyle güzel bir ilişki kurmaya da değer bir insandır. Onunla ister ticaret yap, ister ortaklık yap, istersen yarenlik yap asla pişman olmazsın. Ama bunları cevaplamada sınıfta kalan birisinin ne şahitliğine güvenilir ne kendisiyle candan bir dostluk kurulur ne de iyi bir ilişkiye girilir! Giren pişman olur, zararla çıkar!

İşte bu nedenle Ömer'in (ra) sorduğu bu üç soru çok yerinde ve önemlidir. Sen de Müslim bir tacir olarak ilişkiye girdiğin insanları hakkıyla tanımak istiyorsan bu üç şeyi iyi bilmeli, bunlar içerisinde de özellikle ticaretle olan ilişkilerini esas almalı, ona göre kendilerine muamele etmelisin. Böyle yaptığında hata etme oranın bir hayli düşecek, önemli ve ciddi işlerindeki risklerin ciddi manada azalacaktır. Bu da sosyal hayatında seni son derece rahatlatacaktır.

Şimdi ise, ticaret noktasında Müslimlerin dikkat etmesi gereken bazı şeyleri maddeler hâlinde zikretmeye başlayacağız.

---

1. Beyhaki, bk. İrvau'l-Ğalil, 2637.

1. İnsanlara Muhtaç Olmamayı Prensip Edin

İnsanlara muhtaç bir hâlde yaşamak, onların sırtından geçinmek ve bedavacı bir zihniyetle hayat sürdürmek, İslam gibi temeli izzet ve dik duruşa dayanan bir dinin müntesibi olanlar için kelimenin tam anlamıyla bir *"zillet"*tir. Bir Müslim'e böylesi bir hayat tarzı yakışmadığı gibi yaraşmaz da! Çünkü Müslim onurludur, izzetlidir, haysiyetlidir ve şeref sahibidir... Alarak bir hayat sürdürmek yerine, vererek geçen bir yaşamı tercih eder. Resûlullah'ın (sav) dilinden dökülerek tüm insanlığa onurlu bir hayatın ipuçlarını gösteren *"Veren el, alan elden daha üstündür."* [1] düsturu, onun hayatının temel felsefesidir. Bu nedenle bu ilkeye layık bir yaşam sürdürmeye çalışır ve izzetli duruşuna halel getirecek düşük davranışlardan son derece uzak durur.

Peygamber Efendimiz (sav) Müslim'in insanlara muhtaç olmamasıyla alakalı olarak bizlere birçok nasihatte bulunmuştur. Kitaplarımızda bu türden nasihatler bir hayli çoktur. Şu zikredeceklerimiz, bunlardan en çok göze çarpanlardandır:

"Müslim'in şerefi, gece kıyamındadır. İzzeti/onuru ise insanlara muhtaç olmamasındadır." [2]

"Canımı elinde tutan Allah'a yemin ederim ki, sizden birinizin eline ip alıp sırtında odun taşıması, birisine varıp el açmasından daha hayırlıdır." [3]

"Kim iffetli davranırsa, Allah onu iffetli kılar. Kim insanlara muhtaç olmamak isterse, Allah onu müstağni kılar. Kim de sabretmeye gayret ederse, Allah ona sabır verir." [4]

Ebu Zerr (ra) şöyle demiştir:

---
1. Müslim
2. Beyhaki, Hakim.
3. Buhari
4. Buhari ve Müslim.

"Dostum Muhammed (sav) bana şu yedi şeyi tavsiye etti:

1. Miskinleri sevip onlara yakın olmamı,

2. Hâli vakti benden iyi olanlara değil, durumu daha kötü olanlara bakmamı,

3. Bana cefa verse de akrabayı ziyaret etmemi,

4. 'Lâ havle ve lâ kuvvete illâ billâh' zikrini çokça yapmamı,

5. Acı dahi olsa her daim hakkı söylememi,

6. Allah yolunda hiçbir kınayıcının kınamasından korkmamamı,

7. Asla insanlardan bir şeyler istemememi." [1]

Bir Müslim, Peygamberinin bu tavsiyelerine kulak vererek insanlara muhtaç olmadan hayat sürmeyi kendisine *"ilke"* edinmelidir. Bunun da en ideal yolu, bir şeylerle meşgul olmak veya ticaretle uğraşmaktır. Bir Müslim ticaretle uğraşarak muhtaç olmadan hayat sürdürmenin birinci adımını atmış olur. Diğer adımlarında ise Rabbi olan Allah'tan korkarak hareket etmelidir.

Müslim, hayatının her alanında olduğu gibi ticaret konusunda da selefini örnek almalıdır. Onların bu konudaki sözlerine ve davranışlarına kulak vererek, ticaret anlayışını bu perspektifte şekillendirmelidir. Bizden önce yaşamış salih insanlar; ilimle uğraşmalarına, hayatlarını ibadete adamalarına ve kulluğun en üst seviyelerine erişmelerine rağmen asla insanlara muhtaç olarak yaşamaya razı olmamışlar, çalışıp kendi kazandıklarıyla geçinmeyi diğer şeylere tercih etmişlerdir.

İşte Ebu Hanifeler!

İşte Muhammed bin Sirinler!

---

1. *Ahmed bin Hanbel*

İşte Abdullah bin Mübarekler!

İşte ticarethanelerimizin başköşesine isimlerini altın harflerle nakşedeceğimiz diğer önder şahsiyetler!

Allah kendilerinden razı olsun, onlar insanlar arasında ilim ve zühd ile tebellür ettikleri hâlde hiçbir zaman onlara muhtaç olmayı yeğlememişler; aksine hayatlarını kendi el emekleriyle idame ettirerek şu fâni âlemde büyük bir gönül genişliği içerisinde yaşayıp gitmişlerdir.

Müslim tacir işte bu hayır sahibi insanları kendisine örnek almayı bilmeli ve ilimle ticareti, ibadetle kazancı bir araya getirmiş o insanların yolundan gitmeyi kendisine hedef edinmelidir.

Şimdi gelin, o kutlu neslin insanlarının konumuzla alakalı hikmet dolu o sözlerinden istifade ederek yolumuza ışık tutmaya çalışalım.

• Sufyan Es Sevri *(ra)* şöyle der: *"Ardımda kendisinden hesaba çekileceğim on bin dirhem bırakmam, benim için insanlara muhtaç olmamdan daha sevimlidir."* [1]

• Yine onun arkadaşlarından birisine şöyle dediği nakledilmiştir: *"Sen yiğitlerin işine sarıl! Onların işi; helalden kazanmak ve fakirlere harcamada bulunmaktır."* [2]

• Bir arkadaşı, Damre bin Hubeyb *(rh)* için şöyle demiştir: *"O, namaza kalktığında ben kendi kendime: 'İnsanların en zâhidi herhâlde bu zattır.' derdim. Dünya için koşuşturduğunda da: 'İnsanlar içerisinde dünyaya en çok gönül bağlayan herhâlde bu adamdır.' derdim."* [3]

• Hammâd bin Zeyd, Eyyub Es Sahtiyâni'nin *(rh)* kendisine şöyle dediğini söyler: *"Pazarına/işine sıkıca sarıl;*

---
1. *Hilyetu'l-Evliyâ, 6/380.*
2. *Age. 6/381.*
3. *Age. 6/103.*

çünkü kendilerine muhtaç olmadığın sürece arkadaşlarının katında değerli olursun." [1]

• Ebu Vâil *(rh)* şöyle demiştir: *"Ticaretten elde edeceğim bir dirhem, bana hediye edilecek on dirhemden daha sevimlidir."* [2]

• *"Adamın birisi, Habeş diyarında, ticaretle uğraştığı bir esnada Hasan bin Yahya ile karşılaşır ve bir nevi bunu ona yakıştıramadığı için kendisini kınayan bir üslupla:*

— Seni buralara getiren şey nedir? Bütün bunlar dünyayı elde etmek ve ona hırs göstermek için midir? der.

Bunun üzerine Hasan bin Yahya:

— Ey adam! Beni bu işe sevk eden şey, senin gibilerine muhtaç olma korkusudur, diyerek adama karşılık verir." [3]

• *"Bir gün Ömer (ra) Medine caddelerinde yürüyordu. O esnada Yemen'den gelen bazı insanları gördü. Bunlar, Medine'nin sokaklarında bomboş oturuyor ve hiçbir çalışma sergilemeden geçinmeye çalışıyor, insanlara yük oluyorlardı. Aynı zamanda bu insanlar yanlış bir anlayışla kendilerini 'mütevekkil/Allah'a tevekkül edenler' olarak isimlendiriyorlardı. Ömer, onlarla karşı karşıya geldi ve kendilerine:*

— Siz kimsiniz, diye sordu. Onlar:

— Biz, mütevekkil (Allah'a tevekkül eden ve bu nedenle çalışmayan) insanlarız, diye karşılık verdiler.

Bu cevabı alan Ömer (ra) onlara:

— Hayır! Siz mütevekkil değil, müteekkilsiniz (hazır yiyicilersiniz). Oysa Allah'a tevekkül eden, tohumu toprağa

---

1. Age. 1/434.
2. Mevsûatu İbni Ebi'd-Dünya, 7/454.
3. Age. 7/456.

atandır, buyurdu." ¹ Bu şekilde onların yanlış tevekkül anlayışını bertaraf ederek İslam'da hazır yiyiciliğin olmadığını bizlere göstermiş oldu.

Bizden önce yaşamış salih insanlar işte böyleydiler...

Asla muhtaç olmaya rıza göstermezler ve çalışmayı en hayırlı amellerden sayarlardı. Onları örnek aldığını iddia eden biz Müslimlerin de, insanlara muhtaç bir vaziyette değil, aksine onlara yardımcı olacak kadar iş çevirebilen bir pozisyonda olması gerekmektedir. Tıpkı o neslin insanları gibi... Böyle olduğunda hem Allah katında hem de insanlar katında değerimizin artacağından şüphemiz olmamalıdır.

2. Ticaretinde Güzel Bir Niyet Taşı

İslam'da en önemli amelin *"niyet"* olduğu, bu din hakkında azıcık araştırma yapan herkesin rahatlıkla bilebileceği bir hususutur. Kişi, salih ve güzel bir niyet taşımadan yaptığı amelin karşılığını Allah katında bulamayacaktır. Eğer ortaya koyduğu amelin ahirette karşılığını bulmak istiyorsa, yapacağı ilk iş, o ameli Allah'ın razı olacağı güzel bir niyetle yapmasıdır.

Âlimlerimiz niyetin en önemli amel olmasını, onun âdetler ve normal işler ile ibadetleri birbirinden ayırt etmesine bağlamışlardır. Aynı ameli yapan iki kimsenin yaptığı iş, ancak niyet ile birbirinden ayırt edilir. Aynı safta namaz kılan iki insan düşünün... Birisi *"Rabbim razı olsun."* diye namaz kılarken, diğeri *"Falanca namaz kılmıyor."* demesinler diye safta duruyor. Görünüşte aynı hareketleri yapıyorlar; ama birisi cennet kazanma yolunda ilerlerken, diğeri kendi eliyle kendisini cehennemin odunu yapıyor.

İşte bu iki insanı birbirinden ayırt eden şey –her ne

---

1. İbni Ebi'd Dünya, et Tevekkül, 10.

kadar yaptıkları eylem görünüş ve şekil itibariyle aynı gibi dursa da- kalplerinde taşımış oldukları *"niyetleri"*dir.

Şunu hiçbir zaman aklımızdan çıkarmamalıyız ki, bizim hayatımızın her alanı ve her an'ı ibadet kapsamındadır. Çünkü ibadet, Şeyhu'l İslam İbni Teymiyye'nin de ifade ettiği üzere[1] Allah'ın sevip razı olduğu bütün söz ve amellerdir. O, birilerinin anladığı gibi sadece namazdan, oruçtan veya hacdan ibaret değildir. Aksine oturmak, kalkmak, ziyaretleşmek, tebessüm etmek ve hatta uyumak, Allah için yapıldığı ve başka amaçlar güdülmediği sürece ibadet olur, sahibine Allah katında ecir kazandırır.

Ticaret de bu söylediğimizin dışında değildir.

Yani ticaretimiz de -Allah emrettiği ve usulünce yapıldığında razı olacağı bir amel olduğu için- ibadet dâhilindedir. Bu nedenle sen ticaret yaptığında bil ki Allah'ın razı olacağı bir amel yapıyorsun ve bu iş, niyetin salih olduğu sürece sana Allah'ın hoşnutluğunu ve cennetini kazandıracaktır. Herkes ticaret yapıyor, herkes çalışıyor, herkes rızık temin ediyor; bu nedenle ben de çalışmalıyım mantığıyla âdet gereği ticaretle uğraşma! Bırak insanlar ne niyetle ticaret yaparlarsa yapsınlar. Sen Müslimsin. Sen onların ne amaçla ticaret yaptığına bakmamalısın; aksine sen *"Rabbim ticareti kulluğun bir parçası saydı, ben de bu nedenle çalışmalıyım."* mantığıyla ticaret ortaya koymalısın. Sen bu kıvamı yakaladığında, işte o zaman kazançlı çıkanlardan olacaksın. Hem para kazanacak hem de Allah'ın rızasını kazanacaksın. Bu sayede -tabiri caiz ise- bir taşla iki kuş vurmuş olacaksın.

Sen ticaretle uğraşırken örnek olarak zikrettiğimiz şu tarz niyetler taşıyarak üstte vurguladığımız kulluğu gerçekleştirebilirsin:

• Dinim bana insanlara el açmayı yasakladı; bu nedenle ben el açan birisi olmamak için çalışmalıyım.

---

1. Bk. *El-Ubudiyye*, s. 1.

- Tüm Peygamberler el emeklerini yer, insanlara muhtaç olmazlardı; ben de onları kendime örnek almak için çalışmalıyım.

- Dinim bana çoluk çocuğumu, eşimi ve bakımını üstlendiğim kimseleri zayi etmemi yasakladı; bu nedenle onların ihtiyaçlarını karşılamak için çalışmalıyım.

- Dinim bana insanlara faydalı olmayı emretti; bu nedenle onlara yardımcı olmak ve infak edebilmek için çalışmalıyım.

İşte bu tür güzel niyetlerle bir yandan para kazanırken, diğer yandan da Rabbinin rızasını kazanabilirsin.

İmam Gazali, *"İhyâ"* adlı eserinde bu söylediklerimizi şu özlü ifadeleriyle dile getirmiştir:

"Tacir bir kimse, malı ile cihad edenlerden olabilmek için; ticaret(in)e başlarken güzel niyet ve güzel inanç ile istemeye karşı iffetli davranmaya, insanlardan bir şeyler beklememeye, helal ile onlardan müstağni olmaya, kazandıklarıyla dine yardım etmeye ve ailesinin ihtiyaçlarını karşılamaya niyet etmelidir. Ve yine Müslimlere nasihat etmeye, kendi nefsi için sevdiğini başka insanlar için de sevmeye, alışverişinde adalet ve ihsan yoluna tabi olmaya ve pazarda gördüğü her işte emr-i bi'l-maruf ve nehy-i ani'l-münker yapmaya niyet etmelidir. Tacir kimse bu niyet ve inançları kalbinde taşıdığında, ahiret yolunda amel eden bir kimse olur. Eğer bu çalışma neticesinde mal elde ederse, bu, kâr üstüne kâr olur. Şayet dünyada zarara uğrasa ahirette kazanır." [1]

Bu noktada, sürekli zihninde canlı tutman gerektiğine inandığımız önemli bir kaideyi zikrederek bu başlığı sonlandırmak istiyoruz: Unutma ki mümin, ameli ile kazanamadığını niyeti ile kazanır. Biraz önce zikrettiğimiz

---

1. *İhyâu Ulûmi'd Din*, 2/84.

şeyleri her ne kadar pratik olarak uygulayamasan da, sen bunları yapmaya niyet ederek kazanabilirsin. Sen sadece niyet et. O zaman sırf bu niyetin sayesinde Rabbin sana onları yapmış gibi ecir verecektir inşallah.

3. Evinden Çıkarken Dur ve Düşün..

İnsanlar evlerinden dışarı çıktıklarında, mutlaka ama mutlaka ya hayırlı işlere ya da şerli işlere doğru yol alırlar. Bunun bir üçüncü şıkkı yoktur. Sen de Müslim bir tacir olarak evinin kapısına geldiğinde mutlaka bu iki gruptan birisindensin. Ya hayırlara koşturanlardan ya da şerle meşgul olacaklardan... Bu nedenle evinden ayrılacağında zikrettiğimiz gerçeği göz önüne alarak bir iç muhasebe yapmalı ve hangi amaçlar uğruna dışarıya çıktığının adını koymalısın.

Bu bağlamda sana, tam evinin kapısına geldiğinde kulağına küpe edeceğin iki hadis aktarmak istiyoruz. Sen bu iki hadisi kapıyı açacağında birkaç saniyeliğine bile olsa tefekkür eder ve gereğince amel etmek üzere kendine söz verirsen, o gün mutlaka hayırlarla karşılaşacağını ve şerden korunacağını sana temin edebiliriz.

Birinci Küpe: Peygamber Efendimiz *(sav)* şöyle buyurur:

"Her insan sabahleyin (pazara doğru) evinden ayrılır ve nefsini satılığa çıkarır. Ya onu (ateşten) azad eder, ya da helak eder." [1]

Evinden ayrılmak için kapıya geldiğinde önce bu hadisi aklına getir ve kendi kendine: *"Ben şimdi evimden ayrılacağım. Dışarı çıkıp dükkânıma vardığımda ya Allah'ın emir ve yasaklarına riayet edip nefsini cehennemden kurtaran bahtiyar kullardan olacağım ya da Allah'ın emir ve yasaklarını çiğneyip nefsini helake düçar eden bedbaht kimselerden olacağım. Ben bedbahtlardan ve kendisine*

---
1. *Müslim*

karşı gelen kullarından olmayacağıma dair Rabbim sana söz verdim; bu nedenle benim şerle işim olmamalı. Ben hayra ve senin rızana koşmalıyım." de ve bundan sonra dışarı adımını at. Sen bu gerçeğin muhasebesini yaptıktan ve iç âleminde bir süreliğine de olsa Rabbinle konuştuktan sonra dışarı çıktığında –üstte de dediğimiz gibi– Allah'ın yardım ve inayetini yanında bulacak, günün bereketini görecek ve şerden uzak tutulduğuna şahit olacaksın. Lakin bu duygu ve düşüncelerden uzak, Allah'ı gündem etmeyen sıradan kullar gibi boş bir kalple evinden ayrılırsan, güne bir sıfır yenik başlayacak ve kendi aleyhinde nefsine ve şeytanına yardım etmiş olacaksın.

İkinci Küpe: Evinden çıkarken kulağına takacağın ikinci küpe Peygamber Efendimizin (sav) şu hadisidir:

"Evinden ayrılan bir kimse yok ki, onun kapısında birisi meleğin, diğeri de şeytanın elinde olan iki bayrak olmasın. Eğer bu kişi Allah'ın sevdiği bir iş için evinden çıkarsa melek onun peşine takılır ve evine dönünceye dek o meleğin bayrağı altında bulunur. Şayet Allah'ı kızdıracak bir iş için evinden çıkarsa bu sefer şeytan onun peşine takılır ve evine dönünceye dek o şeytanın bayrağı altında olmaya devam eder." [1]

Sen evinin kapısına her geldiğinde mutlaka bu iki hadisi tefekkür et ve bir iç muhasebe yaparak dışarı adımını öyle at.

Bu arada, evden dışarı çıkarken yapılacak Nebevi duaları yapmayı da ihmal etme! Biz sana iki duayı nakletmek istiyoruz:

1. Peygamber Efendimiz (sav) şöyle buyurur:

"Her kim evinden çıkarken:

---
1. İmam Ahmed ve Taberani.

بِسْمِ اللَّهِ تَوَكَّلْتُ عَلَى اللَّهِ، وَلاَ حَوْلَ وَلاَ قُوَّةَ إِلاَّ بِاللَّهِ

— *Bismillâh, tevekkeltu 'alallâh ve lâ havle ve lâ kuvvete illâ billâh/Allah'ın adıyla çıkıyorum. Ben Allah'a tevekkül ettim. Bütün güç ve kuvvet ancak Allah'ın yardımıyladır,* derse kendisine:

— *Doğruya iletildin, ihtiyaçların karşılandı, düşmanlarından korundun,* diye cevap verilir. Ve şeytan kendisinden uzaklaşır." [1]

Ebu Davud'un rivayetinde şu ilave vardır:

"Şeytan, diğer şeytana der ki: Hidayet edilmiş, ihtiyaçları karşılanmış ve korunmuş kişiye sen ne yapabilirsin ki?" [2]

2. Ümmü Seleme annemiz (r.anha) der ki:

Nebi (sav) evinden çıkacağı zaman şöyle dua ederdi:

بِسْمِ اللَّهِ، تَوَكَّلْتُ عَلَى اللَّهِ، اللَّهُمَّ إِنِّي أَعُوذُ بِكَ أَنْ أَضِلَّ أَوْ أُضَلَّ، أَوْ أَزِلَّ أَوْ أُزَلَّ، أَوْ أَظْلِمَ أَوْ أُظْلَم، أَوْ أَجْهَلَ أَوْ يُجْهَلَ عَلَيَّ

"Allah'ın adıyla çıkıyorum. Ben Allah'a tevekkül ettim. Allah'ım dalalete düşmekten ve düşürülmekten, (günahlara) kaymaktan ve kaydırılmaktan, haksızlık yapmaktan ve haksızlığa uğramaktan, cahilce davranmaktan ve cahillerin davranışlarına muhatap olmaktan sana sığınırım." [3]

4. Çarşı Pazarların Günahın En Çok İşlenen Yerler Olduğunu Aklından Çıkarma!

Bugün ticaret yapabilmek için yaşadığımız ortam gereği çarşı pazarlara çıkmak ve iyisiyle kötüsüyle her türlü insanın yoğun bir şekilde geldiği alışveriş merkezlerinde bulun-

---

1. *Tirmizi, Nesai.*
2. *Ebu Davud*
3. *Ebu Davud*

mak durumundayız. Bazı kardeşlerimiz bundan müstesna olsa da, genelimizin durumu bu şekilde seyretmektedir. Ticaret ehli bir Müslim daha işine koyulmadan bu yerlerin Allah'ın haramlarının en çok işlenen mekânlardan birisi olduğunu bilerek işe başladığında, bu onu daha temkinli davranmaya, buralarda ne gibi günahların işlenebileceğini öğrenmeye ve kendisini bunlardan evvelemirde alıkoymaya sevk edecektir. Bu da yoldaki felaketlerden daha etkin bir şekilde korunmasını sağlayacaktır.

Peygamber Efendimiz (sav), çarşı pazarların yeryüzündeki mekânlar içerisinde Allah'a en menfur yerler olduğunu bildirmiş ve biz Müslimlerin buralara girip çıkarken temkinli davranması gerektiğini öğütlemiştir.

"Bir beldede Allah'ın en sevdiği yerler oranın mescidleri, bir beldede en sevmediği yerler de oranın çarşı pazarlarıdır." [1]

Tabiin neslinin büyüklerinden Malik bin Dinar'ın (rh) bu konuda şöyle dediği nakledilmiştir: *"Çarşılar malı artırma, dini kaybetme yerleridir."* [2]

Dolayısıyla, ticaretle uğraşan bir Müslim iş yerine geldiğinde bu yerlerin günah işlemeye müsait yerler olduğunu hatırında tutmalı ve orada kaldığı süre zarfında günaha düşmemek için sürekli kendisini murakabe etmelidir.

Laf buraya geldiğinde şu soruyu sormaktan kendimizi alamıyoruz: Acaba çarşı pazarlar neden Allah'ın sevmediği yerlerdir?

Bunun elbette birçok nedeni vardır; ama buna sebep olan şeyleri kısaca şu şekilde özetleyebiliriz:

1. Çarşı pazarlar, öncelikle insanlara hep dünyayı hatırlatan ve onlara şu fâni âlemin çekici süslerini hoş gösteren

---
1. *Müslim*
2. *Hilyetu'l-Evliya*, 2/385.

yerlerdir. İnsanı alabildiğine dünyaya bağlayan her şey Allah katında menfur olduğu için Allah bu yerleri sevmez.

2. Bu yerler, insana Allah'ı ve ahireti unutturur. İnsana Rabbini unutturan her şey Allah katında sevimsizdir; bu nedenle Allah bu yerleri sevmez.

3. İnsanlar, buralarda çıkar ve menfaatleri uğrunda her türlü yalanı rahatlıkla söyleyebilirler. Yani bu yerler yalanın çokça konuşulduğu yerlerdir. Allah da yalanı ve yalancıyı sevmediği için, dolaylı olarak yalanın ve yalancının cirit attığı bu yerlerden nefret eder.

4. Yine insanlar, Allah'tan korkmadan bu yerlerde birbirlerini aldatmaya çalışırlar. Kimi zaman mallarının kusurlarını gizleyerek kimi zaman da iyi malları öne çıkarıp kötülerini arkada saklayarak müşterileri kandırmaya çalışırlar. Yani bu yerler kelimenin tam anlamıyla *"aldatma"* yerleridir. Allah da aldatma ve kandırmayı sevmediği için dolaylı olarak aldatma ve kandırmanın kol gezdiği bu yerlerden nefret eder.

5. Bu yerlerde malların daha çok satılması için yemine başvurulur. İnsanlar kimi zaman çokça yemine, kimi zaman da yalan yere yemine sarılırlar. Allah, meşru bile olsa bir işte çokça yemin edilmesini veya yalan yere yemine başvurulmasını sevmez ve bu nedenle bu işlemin çokça gerçekleştiği yerler olan çarşı pazarlardan nefret eder.

6. Bu yerlerde harama bakmak oldukça fazladır. Özellikle erkekler, bayan müşterileriyle ilgilenirken veya etraflarından kadınlar geçerken gözlerine kolay kolay sahip olamaz ve bu nedenle kendilerine haram olan kadınlara bakarlar. Benzeri durum tabi ki kadınlar için de geçerlidir. İşte bu yerlerde karşı cinse bakmak veya onlarla meşru olmayan çerçevede diyalog kurmak gibi şeyler çokça vuku bulduğu için Allah bu yerlerden nefret eder.

7. Ve yine bu yerler, birçok ahlaksızlığın fazlaca vuku bulduğu yerlerdir. Allah ahlaksızlığı ve ahlaksızları sevmediği için bu yerlerden nefret eder.

Allah'ın çarşı pazarları sevmemesinin, bu saydıklarımızın haricinde de elbette birçok nedeni vardır.

İşte sen bu yerlere geldiğinde saydığımız ve sayamadığımız nedenlerden dolayı Rabbinin buralara iyi bir gözle bakmadığını bil ve ona göre tedbirini alarak hareket et. Bu sayede en azından kendini kötülükten daha iyi korumuş olursun.

5. Çarşı Pazara İlk Giren ve Son Çıkan Sen Olma!

Çarşı pazarlar, şeytanların insanları kandırmak ve günaha düşürmek için fırsat kolladıkları yerlerdir. Hatta Selman-ı Farisi'nin (ra) ifadesine göre buralar, şeytanların insanoğluna galebe çalmaya çalıştıkları *"savaş meydanları"*dır. Onlar, insanlarla buralarda büyük bir savaşa tutuşurlar ve onları yalana, yalan yere yemin etmeye, aldatmaya ve daha zikredemeyeceğimiz birçok günaha düşürmeye çalışır, ayaklarını kaydırmak için bu harp meydanlarında büyük bir mücadele verirler.

İmam Müslim'in Sahihi'nde geçtiği üzere Selman-ı Farisi (ra) şöyle demiştir:

"Şayet gücün yetiyorsa, çarşı pazara ilk giren ve oradan en son çıkan kimse sen olma! Çünkü orası şeytanın savaş alanı olup bayrağını oraya diker."

Selman'ın (ra) kavlinde yer alan *"şayet gücün yetiyorsa..."* ifadesi, gerçekten de çok latif ve çok yerinde söylenmiş bir sözdür. Zira bazı zamanlar vardır ki, Müslim önemli bir işi gereği çarşıya ilk girmeye veya oradan en son çıkan olmaya mecbur kalabilir. Bu durumda çarşı veya pazarında en büyük düşmanının olduğunu bilerek hareket etmeli ve düşmanına karşı *"zikir"* ve *"dua"* kalkanına sarılarak tedbirini almalıdır.

Çarşı pazara girerken nasıl bir kalkana sarılacağımızı Resûlullah *(sav)* bizlere göstermiştir. Buna göre bir Müslim çarşı pazara girerken şöyle diyerek şeytana karşı tedbirini almalıdır:

لَا إِلَهَ إِلَّا اللَّهُ وَحْدَهُ لَا شَرِيكَ لَهُ، لَهُ الْمُلْكُ وَلَهُ الْحَمْدُ يُحْيِي وَيُمِيتُ وَهُوَ حَيٌّ لَا يَمُوتُ بِيَدِهِ الْخَيْرُ كُلُّهُ وَهُوَ عَلَى كُلِّ شَيْءٍ قَدِيرٌ

Anlamı şu şekildedir:

"Allah'tan başka (hak) ilah yoktur, O tekdir, O'nun hiçbir ortağı yoktur, Hakimiyet ve hamd yalnızca O'na aittir. Hayatı O verir, ölümü de O verir. O Hayy olandır/diridir, ölümsüzdür. Hayırların tümü O'nun elindedir. O her şeye kâdirdir." [1]

Selman'ın *(ra)* üstte geçen sözünün bir benzeri Resûlullah'tan da *(sav)* nakledilmiştir. O, şöyle buyurmuştur:

"Çarşı pazara ilk giren ve oradan en son çıkan sen olma! (Çünkü) Şeytan orada yumurtlar ve orada yavru çıkarır." [2]

Şeytanın oraya yumurtlamasından ve oraya yavru bırakmasından kasıt; orayı mesken edinmesi ve insanları yoldan çıkarmak için kendi çocukları olan avanesini/askerlerini oraya konuşlandırmasıdır. Demek ki çarşı pazarlarda tek bir şeytan değil, şeytanlar ordusu cirit atmaktadır. Bu da bizim daha tedbirli olmamızı gerekli kılmaktadır.

Bu başlıkla alakalı sonuç olarak şunu söyleyebiliriz: Çarşı-pazara ilk giren ve oradan en son çıkan olmamak, âlimlerimizin zikrettiğine göre ticaretle meşgul olan her

---

1. İbni Mace
2. Taberani

Müslimin dikkat etmesi gereken ticaret âdabındandır. İşinden bereket uman bir Müslim'in mutlaka bu âdaba riayet etmesi gerekir. Ayrıca bu, şeytanın en büyük tuzaklarına düşmekten Müslim'i koruyan bir husustur.

Unutmamak gerekir ki düşman, en büyük ve en öldürücü darbelerini ilk safta karşısına çıkanlara indirir!

6. İşine Erken Başlamayı Âdet Edin

Bu ümmetin erken vakitlerde yaptığı her işine Allah (cc) bereket ihsan edecektir. Bu işin ticaret olmasının, ilim tahsili olmasının, eğitim olmasının veya bir cihad hamlesi olmasının farkı yoktur. Sonuçta hayır namına yapıldığı sürece Allah ona diğer vakitlerde olmayan güzel bir bereket verecektir. Bu gerçeği bizlere Peygamber Efendimiz (sav) öğretmiştir. O, bir hadisinde şöyle buyurur:

"Ümmetimin ilk vakitlerine bereket ihsan edilmiştir." [1]

Diğer bir rivayette ise, ümmetine sabahın ilk vakitlerinde bereket vermesi için Rabbine dua ettiği ifade edilmiştir:

"Allah'ım! Ümmetim için (gündüzün) erken vakitlerini bereketli kıl." [2]

Bu hadisi rivayet eden Sahr El-Gâmidi (ra), Peygamberimizin bu sözünü aktardıktan sonra şöyle demiştir:

"Resûlullah askerî bir birliği veya bir orduyu savaşa gönderdiğinde, onları gündüzün ilk vaktinde gönderirdi." [3]

Bu söz, kendi tavsiyelerine Resûlullah'ın da (sav) bizzat riayet ettiğini göstermektedir. O, hem ümmetine sabah erken vakitlerde iş yapmalarını tavsiye etmiş hem de bunu fiilen göstermiştir. Bu da, bu işin biz Müslimler için ne kadar mühim olduğunu bir kere daha göstermektedir.

---
1. *Taberani*
2. *Ebu Davud*
3. *Ebu Davud*

Biraz önce zikredilen hadisi bize aktaran Sahr'ın *(ra)* bizzat kendisi de ticaretle uğraşan bir zattı. O da Peygamberimizin bu tavsiyesine binaen ticaret kervanlarını gündüzün ilk vakitlerinde yola çıkarır, işçilerini erkenden iş başına koyardı. Bu yüzden de çok zenginleştiği ve malının bir hayli arttığı rivayet edilmiştir.[1]

Hatta İmam Ahmed'in Müsned'inde geçen bir rivayete göre, malını nereye koyacağını bilemeyecek kadar malının çoğaldığı ifade edilmiştir.

Müslim bir tacir olarak sen de bu tavsiyeye kulak vermeli ve dükkânına erken vakitlerde gitmeyi âdet edinmelisin. Kim bilir, belki bu sayede sen de Allah'ın lütuf ve keremiyle bolluğa eren kullar kervanına dâhil olacak ve ummadığın yerden gelen rızıklarla zenginleşeceksin?

Akıllı kimse, kendisinden önce yaşayan insanların tecrübelerinden istifade etmeyi bilen ve kendisine bu doğrultuda bir yol çizmeyi becerebilen insandır.

❋ ❋ ❋

Bu hatırlatmayı yaptığımız zaman bazı kardeşlerimiz sabahın erken vakitlerinde dükkânlarına müşterilerin gelmediğini ve insanların biraz daha geç vakitleri tercih ettiğini söyleyerek erken vakitlerde dükkân açmalarının bir anlamı olmadığını öne sürebilirler. Böylesi kardeşlerimize şu iki tavsiyede bulunmak isteriz:

1. Dükkânına erken vakitlerde müşteri gelmese bile sen yine de dükkânını erken vakitlerde aç. Bu öncelikle sana bereket getirecektir. Şunu hiçbir zaman aklından çıkarma ki bereket; çok kazanman, yığınla mal biriktirmen, tomar tomar para depolaman değildir. Aksine bereket; Allah'ın senin ticaretine belki senin bile farkına varamayacağın

---

[1] *Ebu Davud*

bir değer katması, insanların gönlünde ona karşı bir teveccüh peyda etmesi, piyasadakilere nispetle seninkini daha cazibeli kılması, mallarını daha kullanışlı ve elverişli bir hâle getirmesi ve –en önemlisi– sana bu ticaretinde *"afiyet"* vermesidir. Nice çok para kazanan insan var ki, onlar kazandıklarını afiyetle ve gönül rahatlığıyla yiyememektedirler. Ama kendisine bereket ihsan edilen birisi, az kazansa bile kazandığını huzur içerisinde yiyebilmekte, onun hayrını görmekte ve mutlu bir şekilde işini yapmaktadır. Bu bereket değil de nedir?

2. Dükkânına erken vakitlerde müşteri gelmese bile sen yine de dükkânını erken vakitlerde açmaya bak. Müşteri gelene kadar al eline Allah'ın kelamı olan Kur'ân'ı, onu okumaya ve anlamaya çalış veya İslami bir kitabı mütalaa et ya da muteber bir hocanın dersini dinle. Bunlardan hiçbirini yapamıyorsan, otur sabah zikirlerini veya âdet edindiğin virdlerini yap.

Birçok kardeşimiz yoğunlukları nedeniyle Kur'ân bile okuyamamaktan şikâyetçi. Bizce böylesi kardeşlerimizin en büyük zafiyeti, vakitlerini iyi değerlendir(e)memeleri! Bu bağlamda dükkânlarına erken gelmeleri kendileri için büyük bir fırsattır aslında. Eğer iş yerlerine erken gelirlerse, en azından evlerinde çoluk çocuklarından dolayı yapamadıkları birçok İslami faaliyeti buralarda yapabilme imkânı bulurlar. Hem de sabahın ilk vakitlerinde, kimseler yokken ve sakin bir kafa ile...

Allah için söyleyin, bu bereket değilse, Allah'ın ikramı değilse, ya nedir?

Bunu iyi düşünmeli ve gereğini yaparak bu bereketten istifade etmeliyiz.

7. Dükkânını Açarken Allah'ı An

Müslim, hayırlı her işine besmele ile başlar. Her daim

Allah'ı yanına alır, O'nun rahmet ve bereketini üstüne çekerek işlerine koşuşturur, O'nun yardımı ve inayeti ile hareket eder. Allah'tan bağımsız ve uzak bir işe girişmesi asla düşünülemez! Bir işte Rabbi yanında yoksa, onun o işe girişmesi hiçbir zaman söz konusu olamaz. Çünkü o, Allah'ın kulu, yani kölesidir. Bir köle efendisinden bağımsız iş yapabilir mi hiç?

İşte bu nedenle Müslim bir kul her hayırlı işine *"Besmele"* ile başlar.

Peki, ne demektir *"Besmele"* ile işe başlamak?

Bir işe *"Besmele"* ile başlamak demek; Allah'ı anarak, O'nu gündemde tutarak, O'nun adına iş yaptığını ve asla O'nun emrinden dışarı çıkmayacağını ilan ederek işe başlamak demektir. Bir insan bu amaçlara zıt davranarak iş yapıyorsa, o asla besmele çekmemiş demektir; her ne kadar dili o mübarek lafızları telaffuz etmiş olsa da...

Burada şunu kesin bir dille ifade etmeliyiz ki, hayatını Allah için yaşayacağına dair söz vermiş bir Müslim'in besmele ile başlayamayacağı işlere girişmesi ve o işlerle hemhâl olması katiyen düşünülemez. Mesela, bir Müslim iş yerinde haram olan faizi, yalanı, insanları aldatmayı ve meşru olmayan ticaret usullerini uygulayamaz. Çünkü bu işlerin hepsi besmelenin mantığına ve muhtevasına terstir. O, besmeleye ters işler yapamayacağına göre, bu tür gayrimeşru işlere girişmez. İşte, Müslim olduğu anda hoşnut olmayacağı işler yapmayacağına dair Rabbine söz verdiği için böylesi bir kulun her işi Allah'ın adı ile, Allah'ın adına ve Allah'ın rızası uyarınca olacaktır.

Unutmamalıyız ki, besmele çekilerek ve Allah adı anılarak başlanılan işlerin tamamı, sahibine er ya da geç bereket ve hayır getirir. Buna mukabil besmelesiz girişilen işlerde hayrın ve bereketin olmayacağı muhakkaktır. Zira bir işe Allah karıştırılmıyor ve sanki O yokmuşçasına bir tavır sergileniyorsa, o iş bereketsizdir. Böylesi bir işte bereketin olmayacağı Resûlullah'ın dili ile ifade edilmiştir. Resûlullah (sav) şöyle buyurur:

"Rahmân ve Rahîm olan Allah'ın adıyla (yani besmeleyle) başlanmayan her önemli işin bereketi eksiktir." [1]

Eğer sen de işlerinde İlahi bir bereketin tecelli etmesini istiyor ve Allah'ın, ticaretinde sana yardımcı olmasını arzuluyorsan, mutlaka sabah dükkânını açarken besmele çek ve bu zikri asla ihmal etme. Unutma ki bu zikir, işine ve ticaretine ayrı bir bereket katacaktır.

Hadiste, Efendimiz (sav) tarafından hayırlı ve önemli her işte *"bismillahirrahmânirrahim"* denilmesi tavsiye edilmiştir. Bu nedenle Müslim bir tacir olarak senin, dükkânını açarken hadiste geçen şekil üzere *"bismillahirrahmânirrahim"* demen en evla olanıdır. Âlimlerimizden bazıları, kimi hadisleri göz önüne alarak *"bismillah"* denilmesinin de yeterli olacağını söylemişlerse de, ihtilaftan kaçınmak ve sünneti kâmil anlamıyla yerine getirmek için *"bismillahirrahmânirrahim"* zikrini tam yapman en iyi olanıdır. Lakin buna rağmen sadece *"bismillah"* demen de yeterlidir.

8. Dükkân Komşularının Hâl Hatırlarını Sormayı İhmal Etme

Dükkânına geldiğin zaman etrafındaki komşularının veya çalışanlarının hâl ve hatırlarını sormayı, onlara hayırlı işler temennisinde bulunmayı ihmal etmemelisin. Unutma ki bunun sana birçok müspet getirisi olacaktır. Ama bu getirilerin başında; senin onların kalplerini kazanman, iç âlemlerine bir tutam ülfet tohumu serpiştirmen ve İslam'ın güzelliğini, insancıllığını, sosyalitesini gönüllerine nakşetmen yer alacaktır. Onlar senin gibi güler yüzlü ve sosyal bir Müslim tacir gördüklerinde: *"Bu adam ne kadar*

---
[1] İbni Mace, Ahmed.

da iyi! Ne hoş, ne güzel bir komşu!" demekten kendilerini alıkoyamayacaklar ve sana olan itibarları, görüşlerine olan saygıları daha da artacaktır. Bu da davanın hüsnü itibar kazanması açısından oldukça önemli bir husustur.

Bilmen gerekir ki Müslim bir şahsiyet, bugün bazı kardeşlerimizin dış dünyaya yansıttığı intibadaki gibi somurtkan, itici, soğuk yüzlü, asık suratlı, insanların kendisinden nefret edeceği bir çehrenin sahibi olamaz! Bir Müslim'in böyle olamayacağının en büyük delili, biricik önderimiz Muhammed'dir (sav). O, gerek dış dünyaya ve kendisiyle karşılaşan insanlara bıraktığı hoş intibasıyla, gerekse mütebessim çehresi ve güzel sözleriyle her daim olumlu, pozitif ve canlı bir insan portresi çizmiştir. Bununla birlikte biz Müslimlerin de böyle olmaları gerektiğini öğütlemiştir. Mesela bir hadisinde şöyle buyurur:

"Mümin, başkaları ile iyi geçinir, kendisi ile de iyi geçinilir. İyi geçinmeyen ve kendisi ile de iyi geçinilmeyen kimsede hayır yoktur" [1]

Bu hadisten anlıyoruz ki Müslim bir şahsiyet tüm insanlarla kolayca anlaşabilmeli, zahmetsiz ve külfetsiz bir şekilde onlarla uyuşabilmelidir. Müslim'in böyle olması hem kendi hem de etrafındakiler için hayırdır.

Bir Müslim'in başkalarıyla iyi geçiniyor olabilmesi onun güzel ahlakından, yumuşak tabiatından, sakin yapısından ve varlığa olan bakış açısından kaynaklanır. Başkalarıyla iyi geçinemeyenlerin mayasında güzel ahlaktan, yumuşak huyluluktan ve varlığa düzgün bir bakış açısına sahip olmaktan mahrumiyet yatmaktadır. Her gün yüz yüze geldiği komşularına hâl hatır soramayacak kadar negatif bir yapıya, olumsuz bir tabiata sahip olan bir insanın; içlerinde firavun gibi, Ebu Cehil gibi şahsiyetlerin de bulunacağı bir insanlığa davet götürmesi nasıl

---
1. Tirmizi

mümkün olabilir? Böylesine geniş gönüllü olmayanlar, sert tabiatlı kimselere davalarını nasıl sevdirebilir, nasıl kabul ettirebilirler? Eğer biz tevhid gibi büyük ve ağır bir daveti omuzlanmışsak, hoşumuza gitse de gitmese de insanoğluna hüsnü muameleyi vazife bilmeli, onlarla iyi geçinmeyi kendimize görev addetmeliyiz. Aksi hâlde davamızı *"bütün bir insanlığa"* ulaştırmamız asla söz konusu olmaz, çağrımız belirli çevrelerle sınırlı kalır. Bu da bizim için büyük bir kayıptır.

Bazı kardeşlerimizin, etrafındaki komşularının İslam'dan uzak kimseler olmalarını gerekçe göstererek kendilerine sert davrandıkları, hatta selamı sabahı bile kestikleri kulağımıza gelmektedir. Bu son derece yanlış bir tutumdur. Bir insan müşrik bile olsa kendisiyle komşu olmamız hasebiyle gözetmemiz gereken bir takım haklara sahiptir. Hâl hatır sormak, ziyaret etmek, pişirdiğimiz yemeklerden ikram etmek, kestiğimiz kurban etlerinden bir pay vermek, sıkıntılarımızdan emin olmalarını sağlamak ve ihtiyaçları olduğunda yardımcı olmak bu haklardan bazılarıdır.

Âlimlerimizin beyanına göre hakları yönünden komşularımız üç gruba ayrılırlar:

1. Üç hakka sahip olan komşularımız: Bunlar hem akraba hem de Müslim olan komşularımızdır. Bunların komşuluk, akrabalık ve Müslimlikten doğan *"üç"* hakları bulunmaktadır.

2. İki hakka sahip olan komşularımız: Bunlar da akraba dışındaki *"Müslim"* komşularımızdır. Bunların komşu olmaktan ve Müslimlikten kaynaklanan *"iki"* çeşit hakları bulunmaktadır.

3. Bir hakka sahip olan komşularımız: Bunlar da akraba ve Müslim olmayan Yahudi, Hristiyan veya müşrik olan komşularımızdır. Bunlar sadece komşuluktan ileri gelen *"bir"* hakka sahiptirler.

Dolayısıyla *"komşuluk"* tabirine Müslim'i, Hristiyan'ı, Yahudi'si, kâfiri, müşriki, münafığı her tür insan dâhil olmaktadır; lakin her birinin kendisine özgü bir muamele şekli vardır. Komşumuzun Müslim olmaması, bizim ona iyilik etmemize, hâl hatırını sormamıza veya güler yüz göstermemize engel değildir. Bunun tek bir istisnası vardır, o da komşumuzun İslam'a savaş açmış muharip bir kâfir olmasıdır. Bunun detayını Rabbimiz Mumtehine Suresi'nde bizlere anlatmıştır. Rabbimiz şöyle buyurur:

"Allah, sizinle dininizden dolayı savaşmamış ve sizi yurtlarınızdan çıkarmamış olanlara, <u>iyilik yapmanızı</u> ve adaletli davranmanızı size yasaklamaz. Çünkü Allah, adaletli olanları sever. Allah, ancak dininizden ötürü sizinle savaşan, sizi yurtlarınızdan çıkarmış ve çıkarılmanıza yardım etmiş olanları dost edinmenizi size yasaklar. Kim de onları veli/dost edinirse işte bunlar, zalimlerin ta kendileridirler." [1]

Ayetin orijinalinde yer alan "لَا يَنْهَاكُمُ اللَّهُ... أَنْ تَبَرُّوهُمْ/*Allah, kendilerine iyilik etmenizden sizi men etmez"* ifadesi gerçekten de dikkate şayandır; zira *"el-birr"* kelimesi Arap dilinde, yapılacak iyiliğin en üst seviyeden yapılmasına kullanılır. Rabbimiz bu kelimeyi seçmekle bizlere adeta şu mesajı vermektedir: *"Ey kullarım! Eğer etrafınızdaki insanlar Müslimliğinizden dolayı size savaş açmış kimseler değillerse, onlara elinizden gelenin en iyisiyle muamele etmenizde, iyilik ve ihsanda bulunmanızda ve hüsnü muamele ile davranmanızda sizin için bir günah yoktur. Size yasaklanan, Müslimliğinizden dolayı size düşman olanlara dostane bir şekilde yaklaşım sergilemeniz ve onları veli edinmenizdir."*

Evet, sanki ayette verilmek istenen mesaj budur.

Bir Müslim, kâfir ve müşriklerle muamelesinde bu ayeti

---

1. 60/*Mümtehine*, 8-9

"serlevha" edinmeli ve onlarla olan ilişkilerini bu ayet gereğince tayin etmelidir.

İşte, Müslim bir tacir olarak senin, konu komşunla olan ilişkilerinde bu ayeti esas alman ve akidenden dolayı sana düşman olmadıkları sürece onlara güzel muamele yapman gerekir. Ama şayet komşun ideal bir Müslim ise o zaman Allah'a sonsuz hamd etmeyi ihmal etme! Ve ona güzel bir şekilde muamele ederek bu nimetin şükrünü eda et.

Ne diyelim, Allah bizim ve senin tevhid ehli olan komşularımızın sayısını artırsın.

9. Kıyafetlerini ve Dükkânını Temiz Tut

Temizlik imanın yarısıdır ve ancak imanının bihakkın farkında olan müminler temizliğe gerçek manada dikkat ederler. Bu din, geldiği ilk andan itibaren elbiselerimizi temiz tutmayı ve pisliklerin her türlüsünden uzak olmayı önce Resûlullah'a (sav), onun üzerinden de dolaylı olarak bizlere emretmiştir.

"Elbiseni temiz tut. Pislikleri (putları, şirki ve müşrikleri) terk et." [1]

Allah tüm mümin kullarını sever; ama gerek maddi gerekse manevi her türlü kirden arınmayı isteyen kullarını ayrı bir sever.

"Şüphesiz ki Allah, çokça tevbe edenleri sever. Çokça temizlenenleri de sever." [2]

"İlk günden takva üzere kurulmuş olan mescid, (namaza) durman için daha evladır. Orada temizlenmeyi isteyen adamlar vardır. Allah, temizlenenleri sever." [3]

---

1. 74/Müddessir, 4-5
2. 2/Bakara, 222
3. 9/Tevbe, 108

Allah'ın seni daha çok sevmesini istiyorsan temizliğin her türlüsüne dikkat etmelisin. Bu bağlamda vücudunu, elbiseni, ayakkabını, masanı, tezgâhını, kap kacağını, tuvaletini, mutfağını temiz tutmalısın. Asla insanların senin hakkında konuşmasına sebebiyet vermemelisin! Unutma ki sen, dilinle olduğu gibi bedeninle de insanları hak yola davet eden birisisin. Temiz bir akideye, temiz bir menhece ve temiz bir ahlaka sahipsin. Sakın ha gaflete düşüp de bu temizliğe halel getirecek, laf ettirecek bir davranışta bulunma!

Bu noktayı sakın ama sakın kulak ardı etme!

Bugün bazı kardeşlerimizin iş yerlerine gittiğimizde etrafın dağınıklığından, masa ve tezgâhların düzensizliğinden ve –özellikle de– tuvalet gibi, bir insanın ne kadar temiz olduğunu tam manasıyla ele veren mekânların pisliğinden dolayı son derece rahatsız olmaktayız. Biz bile bu durumdan rahatsızlık duyuyor ve bunu kardeşimize yakıştıramıyorsak, bizleri alıcı gözle değerlendiren yabancı insanların rahatsızlık duyması ve bunu bizlere yakıştıramaması çok daha normal değil midir?

Daha geçen gün bir kardeşimizin dükkânına bir iş gereği ziyarete gitmiştim. Lavabo ihtiyacım oldu ve tuvalete girdim. Yeminle söylüyorum ki, bir dakika durmaya tahammül edemedim. İçimden: *"Yahu bu nasıl bir Müslim! Bu adam hiç mi bu tuvalete girmez hiç mi buraları temizleme ihtiyacı hissetmez?!"* diye geçirdim. Şimdi düşünün, bu manzaraya ben değil de, şirk ehli olan birisi şahit olsa –ki muhakkak oluyordur– benim o Müslim hakkında düşündüklerimi düşünmez mi?

El-hak bin fazlasını düşünür!

O zaman bu gaflet de neyin nesi yahu?!

Umuma açık tuvaletlere girdiğimizde gördüğümüz

manzaralar, bu halkın ne kadar nezafetten ve temizlikten uzak olduğunu net bir biçimde ortaya koyuyor. Bu durumu bir noktaya kadar anlamamız mümkündür; zira bu halk şirkten temizlenmemiş ki necasetten, kötü kokulardan, pis manzaralardan temizlensin! Ama aynı manzarayı tevhidi bilen Müslimlerin, dinî hassasiyeti olan kardeşlerimizin ev veya iş yerlerinde de görünce gerçekten çok üzülüyor, ne diyeceğimizi bilemiyoruz.

Umumi tuvaletlerdeki pislikleri bir noktaya kadar anlayabiliyoruz da, bu kardeşlerimizin ev veya iş yerlerinde gördüğümüz pisliklerini bir türlü anlayamıyoruz.

Ve bu kötü ahlaklarını değiştirmedikleri sürece anlamayacağız da!

Bu nedenle ey kardeşim ne olur tuvaletini temiz tut. Kötü kokuları yok etmek için günde bir kere de olsa orayı çamaşır suyu ile temizlemeye çalış! Unutma ki bir insanın ne kadar temiz olduğu, ziyaretçilerin ağırlandığı *"misafir odasından"* değil, her gün kullanmak durumunda olduğu *"tuvaletinden"* belli olur!

Ve notlandırmalar da buralar üzerinden yapılır!

Sen, sadece tuvaletini temiz tutmakla kalma, etrafını da temiz tutmaya gayret et. Özellikle de dükkânına ve dükkânın üzerinden sana not verilecek yerleri daha özenle temizle. Bu, müşterilerinin gözünde seni de, senin kimliğini de yükseltecek, onların sana bakış açılarını oldukça etkileyecektir.

Bununla birlikte ağzının ve koltuk altının kokmamasına da özen göster. Bunun için ilave tedbirler al. Özellikle naylon oranı yüksek olan kıyafetler giydiğinde koltuk altının terleme oranı daha çok olacağı için daha dikkatli olmalısın. Bunlara dikkat etmezsen, etrafındaki insanların rahatsız olmasına ve neticede senden tiksinmesine sebebiyet verirsin.

Ben burada pratik birkaç alternatif sunarak sana yardımcı olmaya çalışayım: Eğer mümkünse koltuk altını hafif köpüklü su ile yıka. Şayet bunu yapamıyorsan en azından ıslak mendil kullan ve onunla sil. Göreceksin, bunun kokuları gidermede sana büyük faydası olacak. Eğer bunlardan hiçbirini yapma imkânın yoksa, bu durumda yanında hoş kokulu bir esans bulundur ve insanlarla muhatap olacağında onu sürün. Bu da karşı tarafın rahatsız olmasını engelleyen hususlardan birisidir.

Bunlar gün içerisinde alabileceğin pratik birkaç tedbirdir.

Bunları yapmanın ticaretinin artması ve İslami misyonunun korunması açısından oldukça önemli yeri vardır. Eğer kaliteli bir esnaf ve güzel bir davetçi olmak istiyorsan, mutlaka bunlara dikkat etmelisin.

Şunu da hiçbir zaman aklından çıkarma ki, gerek ticaretinde, gerek davetinde bir insanı etkin altına alabilmen ve kendini ona sevdirebilmen için iki şeyin çok büyük önemi vardır:

1. Vizyon,

2. Ambiyans.

Vizyon, senin karşı tarafa izhar ettiğin görünümün; ambiyans ise, karşı tarafı ağırladığın ortamındır.

Eğer bu iki şey de olumlu ve güzel olursa, karşı taraftaki insanın etkilenmemesi mümkün değildir. Eğer güzel ve itibarlı bir esnaf veya kaliteli bir davetçi olmak istiyorsan her iki şeyi de bir arada bulundurman, insanları vizyonun ve ambiyansınla etkin altına alman gerekmektedir. Ama pasaklı bir görünüm ve dağınık bir ortamla insanların karşısına çıkarsan, bu durumda sana ve ticaretine değer vermelerini, sözünü dinlemelerini, şahsına saygı duymalarını beklememelisin.

10. Dükkânında Müslimliğine Halel Getirecek Şeyleri Bulundurma!

Çarşı pazara çıktığımız zaman bazı kardeşlerimizin dükkân camlarında, kapı girişlerinde, tezgâhlarında veya dükkân içerisindeki farklı mekânlarda İslam'a uygun olmayan resimler, figürler, reklamlar, broşürler, gazete veya dergiler görebiliyoruz. Bu, öncelikle o kardeşlerimizin bu konudaki zaafını ve hassasiyetlerinin azlığını gösterir. İkinci olarak, cahiliye toplumunun zihninde yer etmiş olan *"bu tür şeylerin daha çok satışa sebep olduğu"* yanılgısına kardeşimizin de kapılmış olabileceğini ihsas eder. Her iki durum da, bir Müslim için sakıncalıdır ve ısrarla sakınmayı gereken şeylerdendir. Özellikle davetiyle ön plana çıkmış Müslim bir esnafın bu tür şeylerden alabildiğine uzak durması elzemdir.

Sen, sen ol ve sakın ha bu tür günah vasıtalarını dükkânında bulundurma. Alabildiğine onlardan sakın! Ve bil ki, helal ve temiz bir rızka masiyetle değil, ancak takva ile erişilir.

"Ey insanlar! Yeryüzündeki helal ve temiz olan yiyeceklerden yiyin. Şeytanın adımlarına uymayın. Çünkü o sizin apaçık düşmanınızdır." [1]

"Ey iman edenler! Size rızık olarak verdiğimiz temiz yiyeceklerden yiyin. Şayet yalnızca O'na kulluk ediyorsanız (yalnızca) Allah'a şükredin." [2]

İçerisine haram veya haram şüphesi bulaşan bir rızık asla *"temiz"* değildir. Eğer biz Rabbimizin bu ayetleriyle amel etmek istiyorsak, öncelikle içerisinde haram bulantısı olan veya şüphe barındıran şeyleri terk etmeliyiz. Ta ki bu sayede helal ve temiz rızık elde edenlerden olmuş olalım.

---

1. 2/Bakara, 168
2. 2/Bakara, 172

Özellikle telefonculuk yapan kardeşlerimizin bu hususa çok dikkat etmesi gerekmektedir. Çünkü GSM operatörleri genellikle reklamlarını topluma *"kadınlar"* vasıtası ile aksettirmektedirler. Elinde telefon olan veya telefonla kahkahalar eşliğinde konuşan bir kadın resmini afiş hâline getirip, bunu hat ya da kontör satan dükkânlara astırıyor ve bu şekilde insanların kendi operatörlerine geçmelerini amaçlıyorlar. Maalesef bunu da −farkında olsunlar veya olmasınlar− kardeşlerimizin eliyle yapıyorlar. Tüm kardeşlerimiz bu ithama muhatap değildir elbette; ama şahit olduklarımız bu nasihatimize o kardeşlerimizi de dâhil etmemiz için yeterlidir.

Bir seferinde kardeşlerden birisinin dükkânında bir Müslim'le tanışmıştım. Halı yıkama işi yaptığını söyledi. Derken laf lafı açtı ve −konumumuzdan olsa gerek− bize bir takım sorular yöneltti. Baktım ki soruları beni de, kendisini de aşacak düzeyde. Dilim döndüğünce nasihat ettim ve bu tür konulara girmemesi gerektiğini öğütledim.

Ama ne fayda!

Arkadaş mangalda kül bırakmıyor ve başta Ebu Hanzala Hoca olmak üzere hayırla bildiğimiz tüm ilim ehli kardeşlerimizi pervasızca tekfir ediyor!

Daha sonra ortamın herhangi bir fayda getirmediğini görünce oradan ayrılmaya karar verdim. Giderken elime bir kartvizit tutuşturdu ve bu meseleleri tartışmak (!) için dükkânına gelebileceğimi, orada daha etraflı konuşabileceğimizi söyledi. Kartviziti elime aldım, bir de ne göreyim! Kartta halı yıkayan, kilim süpüren ve bilumum temizlik yapan son derece açık, müstehcen ve albenisi yüksek kadınlar yok mu!

Böylesi manken tipli kadınların temizlik yaptıkları görülmüş müdür bilmem ama, benim gördüklerim gerçekti ve ümmetin en hayırlı insanlarını cahilce tekfir eden bir Müslim (!) kartına reklam için bu kadınları koydurmuştu!

Subhanallah!

Şimdi ne demeliydi bu adama?

Hiç beklemediğim bir şeyle karşı karşıya kalmanın verdiği şaşkınlıkla bir anda inanın şok geçirdim ve hemen kartviziti kendisine vererek *"Allah'tan korkmasını"* söyledim.

Utandı, sıkıldı, zahiren pişman olduğunu hissettirdi ve daha dikkatli olacağını söyleyerek kartvizitini geri aldı.

Keşke ilim ehli kardeşlerimizi ilimsizce tekfir etme hatasından da utanıp dönseydi!

İnşallah bu kitabı kaleme aldığımda hem kadınları reklam etme hem de ümmetin hayırlı insanlarını ilimsizce tekfir etme hatasından da dönmüştür.

Rabbim bizi de onu da ıslah etsin.

Bu anlattığım, ibret almamız ve dikkatli olmamız için sadece bir örnek. Bunun gibi sizin de şahit olduğunuz nice örnekler vardır. Allah bu tür kardeşlerimize firaset versin ve bir an önce hem kendilerine hem de davalarına zarar veren bu tür hatalarından rücu etmeyi nasip buyursun.

Yine bu tür yanlışları özellikle bazı meslek dallarında daha yoğunlukla görüyoruz. Mesela bazı eczaneci arkadaşların dükkânlarında *"sus!"* işareti yapan ve hemen hepimizin çocukluktan bildiği o meşhur hemşire kadının resmi var.

Bazı gözlükçü arkadaşların dükkânlarında belirli markaların gözlüklerini reklam eden gözlük takmış manken kadınların resimleri var.

Bazı marketçi arkadaşların dükkânlarında kola içen veya bazı içecekleri ağzına götürerek poz veren kadınların resimleri var.

Fotoğrafçılık yapan kimi arkadaşların dükkânlarında da onlarca kadının resmini görmek mümkün...

Misalleri çoğaltabiliriz.

Tüm bunlar son derece yanlış olmasının yanı sıra, haramdır aynı zamanda... Ve bir Müslim'in alabildiğine bunlardan uzak durması kaçınılmazdır. Bu tür reklam, afiş, kartvizit ya da resimlerin hem davamıza hem de rızkımızın bereketlenmesine getirdiği zararlar anlatmakla bitmez. Siz de çoğu kez insanların şöyle dediğini duymuşsunuzdur: *"Eğer o, adam olsaydı önce şu kadınların resimlerini dükkânından çıkarırdı!"*

Veya şöyle dediklerini: *"Eğer o, anlattığı gibi olsaydı önce şu haramlardan vazgeçerdi!"*

İnsanların ağzına bu tür lafları pelesenk ettirmemeli ve ne yapıp ettiğimize azami derecede dikkat etmeliyiz.

Burada son olarak bir şeye daha temas ederek konumuzu noktalamak istiyoruz: Bir Müslim bu tür haram olan şeyleri dükkânına koyduğunda yahut bu tür şeylere tevessül ederek rızık peşinde koşturduğunda bundan birkaç olumsuz netice tevellüt eder:

1. Öncelikle bu, kesinlikle rızkının bereketlenmesine mani olur. Her ne kadar bu tür reklamlar sayesinde satışları artsa da, *"bereket"* değimiz şey onun dükkânından tıpkı bir kuş gibi uçar gider.

2. Haram olan şeyleri teşhir ettiği için günaha düşmüş olur.

3. Başkalarının da harama düşmesine sebebiyet verdiği için onların günahlarından kendisine yüklenilir.

4. İnsanlar arasında hayâsızlığın yayılma suçuna ortak olmuş olur.

Bu sayılanların hepsi kötü olmakla birlikte, son maddede yer alan tehdit gerçekten de çok ürpertici ve çok korku vericidir. İnsanlar arasında hayâsız işlerin ve ahlak dışı uygulamaların yayılmasını isteyen veya -istemese bile-bu tür işlere aracılık edenler, âlemlerin Rabbi tarafından çok büyük bir tehdit ile tehdit edilmişlerdir.

Şimdi gelin, şu ayete dikkatle bir kulak verelim. Bakın Rabbimiz ne buyuruyor:

"Şüphesiz ki fuhşiyatın müminler arasında yayılmasından hoşnut olanlara, dünyada ve ahirette can yakıcı bir azap vardır. Allah bilir, siz bilmezsiniz." [1]

Bu tür günahları teşhir edenlerin dönüp tekrar tekrar bu tehdidi okumaları ve üzerinde gerektiği şekilde kafa yormaları gerekmektedir. Eğer buna muhatap olmak istemiyorlarsa, bir an önce yaptıkları bu yanlıştan vazgeçmelidirler.

11. Selam Veren Müşterilerinin Selamlarını Al

Biz bu başlık altında sana selam vermenin faziletini, önemini veya İslam nazarında bu konunun hükmünün ne olduğunu anlatmayacağız. Lakin davetimizi yakından ilgilendirmesi ve bazı kardeşlerimizin bu meselede aşırı sert tavır göstermesi nedeniyle, önemli gördüğümüz bazı noktalara temas edecek ve bu konuda bazı tavsiyelerde bulunarak sana yön vermeye çalışacağız.

Senin de bildiğin üzere biz, halkının genelinin -maalesef- Allah'a şirk koştuğu bir ülkede yaşamaktayız. Bu halkın neferleri, her ne kadar kendilerinin Allah'a inandığını söyleseler de, yaptıkları bir takım şirk amelleri veya söyledikleri bazı küfür sözleri nedeniyle Allah'ın pak dini olan İslam'dan çıkmakta ve yeryüzünün en büyük musibeti olan şirke girmektedirler. Kendileri kabul etmese de bu ağır cürmü işlemektedirler.

Birileri bu sözümüzü ağır bulabilir. Veya kimileri bu

---

1. 24/Nûr, 19

hükmü aşırılık sayıp: *"Siz de amma abarttınız! Bunlar ne cüretkâr ifadeler!"* diyebilir. Lakin hakikat, kabul etsek de etmesek de yahut kabul etmekte zorlansak da maalesef ki bundan ibarettir. Yüce Rabbimizden bir an önce kendi adı kullanılarak kandırılmış şu mazlum halka hidayet vermesini ve razı olduğu yolu göstererek şirkin pençesinden onları kurtarmasını niyaz ediyoruz. (Allahumme âmin)

Konumuz akide değil ama toplumumuzla alakalı bu hükmü burada zikretmemizin elbette bir nedeni var. O neden de şu: Halkımız, özellikle de Anadolu kökenli insanlar her şirk toplumu gibi bazı ibadetleri içtenlikle yerine getirmekte, dinle alakalı bir takım ritüelleri icra etmekte ve bunlara yüzeysel de olsa hissedilir manada önem atfetmektedir. Selam alıp vermek de bu kapsamdadır ve âdetleştiği için iyisinden kötüsüne herkes tarafından alınıp verilmektedir. Hatta adam, Allah'ın en galiz haramlarından biri olan içkiyi almak için tekel bayisine gidip dükkâna girdiğinde Rabbimiz'in en değerli sözlerinden birisi olan selamı vermekte, satıcı da yaptığı işin ne kadar şeni' olduğuna aldırış etmeksizin bu mübarek kelama mukabelede bulunmaktadır. İşte selam alıp vermek toplumumuzda bu kadar yaygındır.

İş bu kadar yaygın ve herkes tarafından uygulanan bir ameliyeye dönüşmüş olduğundan dolayı, halk bunu önemsiyor ve aksi tavır gösterenlere *"Ben sana Allah'ın selamını veriyorum, sen nasıl almazsın?!"* diyerek sert tepki verebiliyor.

Çoğu zaman şahit olmuşuzdur; bir vatandaş bir Müslim'in dükkânına girip ona selam veriyor, Müslim de berâ hukukunu işletme adına onun bu selamını havada bırakarak geçiştirici ifadelerle adama cevap veriyor. Adam selamının alınmadığını hissettiğinde ortalığı birbirine katıyor ve Müslim'i İslam'ı yaşamamakla ya da İslam'ın emirlerine titizlik göstermemekle suçluyor. Müslim bir şey düşünüyor, adam başka bir şey... Aslında her iki taraf da haklı; ama ortada bir *"anlaşılmama"* problemi var.

Onlarca kez şahit olup başkalarından da işittiğimiz bu hazin manzara, davetimizin selameti düşünüldüğünde kalem sahibi olan bizleri veya Müslimlere nasihat etme pozisyonunda olan İslam davetçilerini çok yakından ilgilendirmelidir. Çünkü selam almamakla suçlanan Müslim, önce komşuları tarafından, sonra da sırasıyla yakın çevresinden dışlanıyor ve artık davasını anlatamaz, akidesinden bahsedemez hâle geliyor. Bu acı manzaraya sadece ve sadece bir *"selam almama"* eylemi neden oluyor. Eğer İslam'da şirk ehli kabul edilen insanlardan selam almanın cevazı varsa –ki biraz sonra bunun caiz olduğunu göreceğiz– o zaman davetimizin önünü kesmemesi ve insanların bizleri ilk bakışta tabir yerindeyse *"öcü"* gibi telakki etmemesi için mutlaka bu cevazın değerlendirilmesi gerekiyor.

Şimdi inşallah bu konuya çok etraflı olmasa da, meseleyi özetleyecek kadarıyla temas ederek değerlendirmelerimizi siz kardeşlerimizle paylaşmaya ve daha iyi bir sonuca ulaşmak için birkaç hususun altını çizmeye çalışacağız.

Müşrik Birisinin Selamı Alınır mı?

Müşriklerin, kâfirlerin veya Ehl-i Kitap dediğimiz Yahudi ve Hristiyanların selamlarını alma ve onlara selam verme meselesi, İslam uleması arasında tartışılan konulardandır. Zihinde daha iyi kalmasını sağlamak için bu ihtilafı şu şekilde maddeler hâlinde zikredebiliriz:

a. Âlimlerimizden kimisi, onların selamını almaya hiç cevaz vermemiştir.

b. Kimisi meselenin zaruret kapsamında değerlendirilerek bazı zamanlar için caiz olabileceğini söylemiştir.

c. Kimisi *"ve aleykum"* demek gibi bazı özel lafız ve kalıplarla onların selamını almanın caizliğine kani olmuştur.

d. Kimisi de, eğer karşı taraf ağzını eğip bükmeden kesin İslam selamını vermişse, bu durumda tıpkı Müslimlerde olduğu gibi o selamı almanın gerekliliğine hükmetmiştir.

İbni Kayyım (rh), bu son görüşe meyleden ve kâfir birisi İslam selamını verdiğinde misliyle mukabelede bulunulması gerektiğini söyleyenlerdendir. O, *"Ahkâmu Ehli'z-Zimme"* adlı eserinde bu konuya *"Eğer kişi, kâfir birisinin kendisine net bir biçimde 'Es-Selâmu Aleykum' dediğinden emin olursa, bu durumda 've aleykum selam' mı demeli, yoksa sadece 've aleyke' sözü ile mi yetinmelidir?"* şeklinde bir soru sorarak giriş yapmış, ardından da kabul ettiği görüşü şu şekilde ifade etmiştir: *"Deliller ve şeriatın kaideleri, böylesi bir durumda (kâfirin selamına) 've aleykum selam' denilerek cevap verilmesini gerektirmektedir. Şüphesiz ki bu tavır adaletin gereğidir; Allah da adaleti ve ihsanı emretmektedir. Yüce Allah şöyle buyurur: 'Selamlandığınız zaman (karşılığında) daha güzel bir selam verin ya da (misliyle) karşılık verin. Şüphesiz Allah her şeyin üzerinde (hesap gören) Hasib'tir.'* [1] *Allah bu ayette faziletli olana yönlendirmiş ve adaleti(n gereğinin yapılmasını) vacip kılmıştır. Bu, konuyla alakalı hadislerle hiçbir surette çelişki arz etmez; zira Resûlullah Ehl-i Kitabın selamını alacak kimseye, onların selamlaşmalarında kastettikleri sebebe (Onlar, Müslimlere selam verirken 'Es-Selamu Aleykum' demek yerine, 'geberesiceler!' anlamına gelen veya 'ölüm sizin üzerinize olsun' manasında kullanılan 'Es-Sâmu Aleykum' şeklinde bir ifade kullanıyorlardı. İşte İbni Kayyım'ın değindiği sebep budur. Ona göre bu sebep ortadan kalktığında, yasaklama da ortadan kalkmaktadır.) binaen 've aleykum' diye cevap vermesini emretmiştir."* [2]

---

1. 4/Nisa, 86
2. Ahkâmu Ehli'z-Zimme, 1/200.

İbni Kayyım *(rh)*, sözlerini şu cümleleri ile bitirir: *"Bu sebep, (yani onların 'Es-Selâmu Aleykum' demek yerine, 'geberesiceler!' anlamına gelen 'Es-Sâmu Aleykum' şeklinde art niyetle selam vermeleri) ortadan kalktığı ve Ehl-i Kitap olan birisi 'Es-Selâmu Aleykum ve Rahmetullah' dediği zaman, selamlaşmadaki adalet onun selamına benzeriyle karşılık vermeyi gerektirir."* [1]

Âlimlerimizden bazıları bu konuda daha keskin ifadeler kullanmış ve kâfir kimse kesin olarak İslam selamı vermişse, ona aynısıyla mukabelede bulunmanın *"farz"* olduğuna hükmetmiştir.

İbni Hacer *(rh)*, İbni Battal'ın *(rh)* şöyle dediğini nakleder:

"Bir grup da şöyle demiştir: Zimmet ehlinin selamını almak (Nîsa Suresi 86.) ayetin umumiliğinden dolayı farzdır. Hatta İbni Abbas'ın 'Sana selam veren Mecusi bile olsa onun selamını al.' dediği nakledilmiştir. İmam Şa'bî ve İmam Katade de aynı görüştedir." [2]

Çağdaş âlimlerden bazıları da aynı kanaate sahip olmuşlar ve net olarak İslam selamı veren kâfirlerin kimliklerine bakmaksızın selamlarının mutlaka alınması gerektiğini söylemişlerdir. Onların bu kanıya varmasının birçok gerekçesi olmakla birlikte, en önemli gerekçeleri şudur: Usul ilminde ifade edildiği üzere Kur'ân ve sünnetteki emir kalıpları aksi bir karine olmadığı sürece *"farziyet"* ifade eder. Yani Allah ve Resûlü bir iş için *"şunu yapın!"* demişse bu, asıl olarak onun farz olduğu anlamına gelir. Nîsa Suresi 86. ayette de bu emir ifadesi yer almış ve Allah selam verenin kim olduğuna değinmeksizin herhangi birisi tarafından selam verildiğinde o selamın alınmasını emretmiştir. Şimdi ayeti tekrar hatırlayalım:

"Selamlandığınız zaman (karşılığında) daha güzel bir

---
1. *Aynı yer.*
2. *Fethu'l Bari, 11/42.*

selam verin ya da (misliyle) karşılık verin. Şüphesiz Allah her şeyin üzerinde (hesap gören) Hasib'tir." [1]

Görüldüğü gibi Allah burada birisi tarafından bizlere selam verildiğinde aynısıyla veya daha güzeli ile karşılık vermeyi emir buyurmuş ve *"Size bir selam verildiği zaman..."* diyerek, selam veren kimsenin Müslim, Mecusi, kitap ehli, kâfir veya müşrik olmasından bahsetmemiştir. Bu da gösterir ki selam almak Allah'ın bir emridir ve bu konuda selam veren kimsenin kimliği, kişiliği ve niteliği önemli değildir. Önemli olan gerçek manada selam verip vermemesidir.

Evet, cevaz veren âlimlerimizin görüşleri özetle bundan ibarettir. Tabi bu görüşe cevap verenler ve ayetin Müslimler hakkında olduğunu söyleyerek kâfirleri bu umumdan çıkaranlar da olmuştur.

Burada bize düşen meselenin ihtilaflı olduğunu bilmek ve kâfirlerin selamını alan kardeşlerimizi hemen bir çırpıda bera anlayışlarında problem olmakla veya akidelerinde gevşeklikle suçlamamaktır. Elbette bu meselenin enine boyuna tartışılacağı ve neticeye ulaşılacağı yer burası değildir. Burada bizim yapmaya çalıştığımız şey, davetimizin selameti ve insanlar tarafından ilk etapta yanlış telakki edilmemesi için nelere dikkat etmemiz gerektiğini tespit edebilmektir. Bunu becerdiğimizde maksadımız hasıl olacaktır.

Müşriklerin verdiği selamın alınmasının caiz olduğunun diğer bir delili de, Peygamber Efendimizin kâfirlere selam vermeyi yasaklayan hadisleridir. Peygamberimiz (sav) şöyle buyurur:

"Yahudi ve Hristiyanlara selam vermeyin..." [2]

---

1. 4/Nisa, 86
2. Müslim

Bu görüşü savunan âlimler, kâfirlere selam vermeyi yasaklayan bu ve benzeri hadislerin *"mefhûm-i muhalifini"* yani zıt anlamını delil almışlar ve *"Eğer selam vermek yasaksa, demek ki almak yasak değildir."* sonucuna ulaşmışlardır. Ayrıca şöyle de demişlerdir: Peygamberimiz (sav), selam alma konusunda aslında sert bir tutum sergilememiş, sadece Ehl-i Kitap, genel itibariyle selam adı altında Müslimlere beddua ettiklerinden dolayı onların selamlarına misliyle karşılık vermeyi tavsiye buyurmuştur. Peygamberimiz şöyle buyurmuştur:

"Yahudiler size selam verdiklerinde, onlardan birisi ancak 'Es-Sâmu Aleykum/geberesiceler!' der. Bu nedenle sen de 've aleykum/sen de...' diye (misliyle) karşılık ver." [1]

İşte bu gibi sebeplerden dolayı İslam selamı veren bir kâfirin selamını almak caizdir denilmiştir.

Müşriklerin verdiği selamın alınmasının caiz olduğunun başka bir delili de sahabe uygulamasıdır. Özellikle İbni Abbas (ra), bu noktada net ifadeler kullanmış ve kâfir kimse şayet kesin bir lafızla İslam selamı vermişse mutlaka selamının alınması gerektiğini söylemiştir. Hatta onun şöyle dediği bile rivayet edilmiştir:

"Eğer Firavun bana 'Allah sana bereketler ihsan etsin.' diyecek olsa, ben de ona 'Sana da bereketler ihsan etsin.' derim." [2]

Seleften bu görüşü savunan sadece o değildir. Ebu Umame, İmam Şa'bî, Katade ve İkrime gibi ilk dönemin önde gelen simaları da benzer şeyler söyleyerek aynı görüşü ifade etmişlerdir.

Tüm bu aktardıklarımızdan sonra şunu rahatlıkla söyleyebiliriz ki; bir Müslim şirk ehli kabul ettiği insanların

---
1. Buhari
2. Buhari, El-Edebu'l-Müfred.

selamını aldığında asla kınanmaz. Bu ameliyle akidesinde gevşeklik göstermekle veya bera hukukunu ihlal etmekle suçlanamaz. Çünkü seleften önde gelen simalar da şirk ehlinin selamını almış ve güzel sözler söyleyerek onları İslam'a kazanmanın yollarına bakmışlardır. Bir Müslim de onları kendisine örnek kabul ederek bu uygulamayı çağına taşıyabilir ve etrafındaki insanlara davasını daha güzel bir biçimde ulaştırma adına ya da gözettiği bazı maslahatlar gereği onların selamını alabilir.

Lakin...

Bizler her ne kadar müşriklerin selamını almanın caiz olduğuna kanaat getirsek de, bu noktada yine de hassasiyetimizi elden bırakmamalı ve müşrik kabul ettiğimiz insanların verdiği selamı en asgari lafız olan *"aleykum selam"* siygasıyla almalıyız. Buna *"ve rahmetullah"* siygasını veya *"ve rahmetullahi ve berekatuhu"* ilavesini eklememeliyiz. Buna belki zaruret anında veya işler içinden çıkılmaz bir hâl aldığında müracaat edebiliriz. Onun haricinde kâfirin selamını almakta asıl olanın en asgari lafızla icabette bulunmak olduğunu bilmeliyiz.

Bu da, bu konuda dikkat edilmesi gereken noktalardan bir tanesidir.

Bu Meselede Dâr Ayırımı

Bazı muasır âlimler, birçok konuda olduğu gibi bu konuda da *"dâr/ülke"* ayırımı yapılmasını güzel görmüşler ve fetvalarını bu doğrultuda vermişlerdir. Bu ayırım, bizce de makuldür ve amel edilebilir. Şöyle ki: Eğer bir Müslim, içerisinde İslam ahkâmının icra edildiği yer olan *"Dâru'l İslam"*da yaşıyorsa, bu belde Müslimlerin izzetli, kâfirlerin ise zilletli bir şekilde yaşadığı yer olduğu için onların selamını tıpkı Müslimlerinkinde olduğu gibi *"ve aleykum selam"* şeklinde almamalıdır. Bu bir nevi kâfiri onure etmek ve ona değer vermek olur ki, İslam'ın Hakim olduğu yerde böylesi bir tavır uygun değildir. Burada hadislerin zahiriyle amel etmeli ve sadece *"ve aleykum"* diyerek selamları geri iade edilmelidir. Ayrıca Dâru'l İslam, Müslimlerin izzetli ve korkusuzca yaşadığı diyarın adıdır. Müslimlerin orada korkması, çekinmesi, takiye yapması veya yanlış anlaşılma endişesi taşıması söz konusu olamaz. Bu nedenle İslam toprakları olan yerlerde kâfilerin selamları Efendimizin öğrettiği şekilde sadece *"ve aleykum"* denilerek alınmalıdır.

Lakin bir Müslim, içerisinde küfür ahkâmının icra edildiği yer olan *"Dâru'l Küfür"*de yaşıyorsa, burada maslahatları ve zaruretleri gözetmelidir. Çünkü bu belde zillet diyarıdır ve galiben Müslimlerin orada korkup çekinmeleri veya kendilerini ele vermemeleri söz konusudur. Böylesi bir yerde ve böylesi bir pozisyonda Müslim konumunu kendi belirlemeli ve nasıl davranacağına içtihadıyla karar vermelidir. Eğer selam almadığında bu; dinine, davetine, şahsına, arkadaş çevresine ve çoluk çocuğuna zararla dönecekse o zaman kendisini selamete çıkaracak şekilde kâfirlerin selamını almalıdır. Şayet böylesi bir şey söz konusu değilse, bu durumda muhayyerdir, selam almak yerine geçiştirici ifadeler kullanabilir.

Bu görüşün, konunun girişinde naklettiğimiz ve İbni Kayyım'ın (rh) da desteklediğini söylediğimiz görüşle küçük bir farkı vardır, o da şudur: Bu görüşte asıl olan kâfirlerin selamını almamaktır. Ama ortada zaruret ve benzeri durumlar söz konusuysa fetva değişiklik arz eder. İbni Kayyım'a göre ise, ister Dâru'l İslam'da olsun ister Dâru'l Küfür'de eğer kâfir net İslam selamı verirse almak gereklidir.

Her iki görüşün de kendi içerisinde tutarlı yönleri vardır; Müslim kalben kanaat getirdiği görüşten istediğiyle amel edebilir. Yine de en iyi bilen *"El-Alîm"* olan Allah'tır.

Sonuç

Bu konuda tevhid ehli arasında yıllardır sürüp giden bir tartışma olduğu hepimizin malumu. Kardeşlerimizden kimisi bu konuda net ve katı bir tavır sergilerken, kimileri ise daha esnek ve yumuşak bir yol izlemektedir. Ama her ikisi de bir delile binaen amel etmektedir; bu nedenle iki tarafı da kınayacak bir durumumuz yoktur. Bizim yaklaşımımız, kâfire selam verilip verilmeyeceği kendisine sorulduğunda İmam Evzai'nin (rh) dediği gibidir: *"Eğer selam verirsen, (senden önceki) salih kimseler de selam vermiştir. Yok, bunu terk edersen (senden önceki) salih kimseler de terk etmiştir."* [1]

Ama bununla birlikte şu noktanın da katiyen ihmal edilmemesi gerektiğini düşünüyoruz: Biz, İslam'ın maslahat ve doğru anlaşılmasını asla ve asla kendi fıtri ve karakteristik özelliklerimize kurban etmemeliyiz. Biz tabiatı itibariyle sert yapılı ve şirk ehline karşı miskal-i zerra acımasız bir kimse olabiliriz. Ama böyle olmamız asla bize davamızın yanlış tanıtılması ve insanların İslam'dan soğutulması hakkı vermez. Bu noktada sabretmeyi bilmeli ve insanların İslam'dan soğutulmamasına özen göstermeliyiz.

Yaşadığımız şu toplumu dikkate alarak söylemek gerekirse; bizce, şirk ehli kabul ettiğimiz bu insanların selamlarını alarak onların kalplerini kazanmadaki maslahat, bera hukukunu uygulayarak İslam'ın dik duruşluluğunu ve müşriklerden teberrîsini onlara göstermedeki maslahatından çok daha fazladır. Bunu terk etmekteki zarar da, bera hukukundaki bir detayı terk etmedeki zarardan daha fazladır. İşte bu nedenle Müslimler selam alıp vermedeki maslahat mefsedet yönünü iyi tahlil etmeli ve bu çerçevede bir muamele şekli geliştirmelidirler.

Bu söylemlerimizden *"Müşriklere karşı yumuşayıp ta-*

---

1. *el-Cami' li Ahkâmi'l-Kur'ân*, 11/112.

vizler verelim." anlamı çıkarılmaması gerektiğini herhâlde hatırlatmamıza gerek yoktur.

Allah her konuda hakka isabet etmeyi bize nasip etsin ve bu konuda hangi muameleden razı ise onu bize fehm ettirip kolaylaştırsın. (Allahumme âmin)

Değerli tacir kardeşim, işte bu anlattıklarımızdan hareketle bizce dükkânına gelen müşterilerinin selamını almayı ihmal etmemelisin. Bu, öncelikle senin etrafındaki insanlar tarafından yanlış tanınmamanı sağlayacak, sonrasında da müşterilerinin kalbini kazanmaya yardımcı olacaktır.

Unutmamak gerekir ki Allah'ın selamı her hâlükârda hayır ve bereket getirir.

12. Ticaretinde *"Müsamahakârlığı"* Elden Bırakma

Allah'ın haram kıldığı şeyler ve had cezaları hariç, hayatın diğer alanlarında müsamahakâr olmak İslam tarafından hoş görülmüş ve tavsiye edilmiş bir hususutur. Müslim her şeyiyle müsamahakâr, yani hoşgörülü, toleranslı, esnek yapılı ve anlayışlı olmalı; asla zorluk çıkarmayı seven, inatçı, dik kafalı ve kaba biri olmamalıdır. Bu vasıf hem davetimiz açısından hem aile ilişkilerinde hem de sosyal hayatın birçok yönünde gerçekten önemli bir yere haizdir. Hayatlarında müsamahakâr olmayı iyi becerenler, dünya ve ahirette kazançlı ve kârlı çıkarlar. Buna mukabil müsamahakârlığı elden bırakanlar dünyada da ahirette de kaybederler. Sen ey tacir kardeşim, Müslim bir esnaf olarak bu güzel vasıfla vasıflanmayı bil ve ticaret hayatının her alanında ve herkese karşı toleranslı olmayı kendine prensip edinerek dünya ve ahiretin hayır kapılarını aç.

Kur'ân ve sünnete göz attığımızda Allah ve Resûlü'nün bu vasfı önemsediğini, müminlerin birbirlerine karşı her konuda müsamahakâr davranmalarını tavsiye ettiğini, hatta muharip olmaları durumu müstesna diğer tüm alanlarda kâfirlere bile toleranslı davranmanın güzel olacağını söylediklerini görürüz.

Birilerinin: *"Ey Nebi! Kâfirler ve münafıklarla savaş ve onlara karşı sert ol."*[1] tarzı Kur'ân'da geçen şiddet ayetlerini delil göstererek kâfirlere asla toleranslı olunmaması gerektiğini söylemeleri, kesinlikle Kur'ân'ı bir bütünlük içinde okumamalarının neticesidir. Unutmamak gerekir ki kâfirlere kaba davranmayı, şiddetli ve çetin olmayı emreden ayetler, hep davetin bitip kılıçların konuşmaya başladığı harp dönemlerinde gelmiş ayetlerdir. Davetin Hakim olduğu dönemlerde gelen ayetler ise kâfirlere aldırış etmemeyi, onları affetmeyi ve onlarla güzel yollarla mücadeleyi söyleyen ayetlerdir. İşte bu iki farklı konumda gelen ayetlerin arasını bulamayan bazı kardeşlerimiz, umumen hayatlarının her alanında, hususen de ticaretlerinde şirk ehli insanlara çok sert davranmakta ve *"Müşrik değil mi, vurabildiğin kadar vuracaksın!"* mantığıyla onlara karşı insani ve ahlaki olmayan tavırlarla muamelede bulunmaktadırlar. Bu, son derece yanlış ve hatalı bir tutumdur. Özellikle de davetimizin bereket kazandığı ve insanların bizleri mercek altına yatırdığı şu günlerde böylesi yanlış tavırlar sergileyerek insanlara muamelede bulunmak, bizlere ve pak davetimize oldukça fazla zarar vermekte olduğu için bundan alabildiğine uzak durulmalıdır. Buradan satırlarımızın ulaştığı kardeşlerimize sesleniyor ve şirk ehliyle hangi dönemlerde nasıl muamelede bulunulacaklarını muteber ilim ehli hocalarımızdan öğrenmelerini öğütlüyoruz. Unutmamak gerekir ki her makamın kendine özgü bir mekâli/bir sözü vardır. Her tavır her ortamda aynı faydayı sağlamaz. Bu nedenle insanlarla muamele fıkhını öğrenmek gerekir.

---

1. 9/Tevbe, 73

Evet, ticarette müsamahakâr ve toleranslı olmaktan söz ediyoruz...

Bu konu Peygamber Efendimiz (sav) tarafından öylesine önemsenmiştir ki, bu vasıfla muttasıf olmaya çalışan Müslimlere özel rahmet temennisinde bulunmuştur. O, bir hadisinde şöyle buyurur:

"Sattığında, satın aldığında ve hak(kını) talep ettiğinde müsamahakâr davranan kula Allah rahmet etsin." [1]

Başka bir hadisinde de şöyle buyurur:

"Sattığında, satın aldığında, borcunu ödediğinde ve borcunu istediğinde müsamahakâr davranan kişiye Allah rahmet etsin." [2]

Müslim; anne babası, çoluk çocuğu ve konu komşusu başta olmak üzere hayat sahnesinde bir münasebet gereği ilişki içerisinde olduğu herkese müsamahakar olmak zorunda olduğu hâlde, Efendimiz (sav) burada özellikle alıcı ve satıcı pozisyonunda olan Müslim'i konu edinmiş ve rahmetin onlara erişmesi için özel duada bulunmuştur.

Acaba bunun sebebi nedir?

Bunun sebebi –Allahu a'lem– şudur: Ticaret, hayatın en belirgin ve en yaygın sektörünü teşkil etmekte ve zenginiyle fakiriyle, küçüğüyle büyüğüyle, anlayanı ve anlamayanıyla toplumun her kesimine hitap eden bir alan olma özelliği taşımaktadır. Yani ticaretin ağı ve yelpazesi toplumun her kesimini kuşatacak şekilde geniştir. Herkes az veya çok bir vesileyle bu alanla meşgul olmaktadır. Bu bakımdan hayatın *"denge unsuru"*dur. Böylesine geniş bir alanı olduğu ve herkesi ilgilendirdiği için de burada kandırmalar, aldatmalar, fırsatçılıklar haddinden fazla vuku bulabilmektedir. Bu da özellikle bilmeyen, anlamayan ve

---
1. Buhari
2. Beyhaki

imkânı olmayan insanların bellerini kırmakta, onları çok zor durumda bırakmaktadır. İşte böylesi bir durumda sahanın *"merhamet"*e ihtiyacı vardır. Bu nedenle özellikle bu alanda merhametli olanlara Resûlullah (sav) rahmet temennisinde bulunmuş, Allah'tan onlar için merhamet dilemiştir.

İşte Efendimizin özellikle alıcı ve satıcı pozisyonunda olanlara merhamet temennisinde bulunmasının sebebi herhâlde budur. Bizce bu, Müslim bir esnaf olarak sana çok anlamlı ve ince mesajlar vermektedir.

Ne mutlu bu ince mesajı anlayan esnaflara!

Toleranslı Olmak Dünya ve Ahiretin Hayır Kaynağıdır

Bugün nice esnafımız, maalesef ki bu önemli ticari ahlak ilkesini terk etmiş ve insanlardan bir şeyler alırken veya onlara bir şeyler satarken merhamet ve müsamahayı elden bırakmış durumdadırlar. Oysa merhamet ve müsamaha ile muamelede bulunmak dünyada bereketin ve rahmetin kaynağı olduğu gibi, ahirette de bağış ve mağfiretin kaynağı olacaktır. Şimdi gel şu hadislere beraberce bir kulak verelim:

"Allah'ın kendisine mal ihsan ettiği kullarından birisi Allah'ın huzuruna getirildi. Allah (cc) ona:

— Dünyada ne yaptın, diye sordu. Adam:

— Ey Rabbim! Sen bana malını verdin, ben de insanlarla alışveriş yapardım. Alışverişte kolaylık göstermek benim huyumdu. Zengine kolaylık gösterir, fakire mühlet verirdim, dedi. Bunun üzerine Allah:

— Ben buna senden daha layığım, dedi ve (Meleklere) 'Kulumu affediniz.' buyurdu." [1]

---
1. *Müslim*

"İnsanlara borç para veren bir adam vardı. O, (sürekli) hizmetçisine: 'Darda kalmış bir fakire vardığında onu affediver; umulur ki Allah da bizim günahlarımızı affeder' derdi. Nihayet o kişi Allah'a kavuştu da Allah da onu affetti." [1]

"Sizden önceki ümmetlerden bir adam hesaba çekildi. Hayır namına hiçbir şeyi bulunamadı. Fakat bu adam insanlarla düşer kalkardı ve zengin bir kimse idi. Hizmetçilerine, darda kalan fakirlerin borcunu affetmelerini emrederdi. Bunun üzerine Allah 'Biz affetmeye ondan daha layığız, şu hâlde onu affediniz.' buyurdu." [2]

"Kıyamet gününün sıkıntılarından Allah'ın kendisini kurtarmasından hoşlanan kimse, borcunu ödeyemeyene mühlet tanısın veya ondan (ya bir bölümünü ya da hepsini) silsin." [3]

Bu konuda Şeyh Abdurrahman Es-Sa'dî şöyle der: *"Muamelelerde, borç ödemede, vermede ve alacak istemede müsamahakâr olan kimsenin, Peygamberimizin kabul edilmesi kaçınılmaz olan bu mübarek duasının kapsamına girdiğinden dolayı dinî ve dünyevi her türlü hayra nail olması umulur. Bu, gözle de müşahede edilmiştir. Sen, bu vasıfta olan her bir tacire Allah'ın bolca rızık akıttığını ve üzerine bereketler indirdiğini görürsün. Bunun zıddı ise, zorluk çıkaran, işi yokuşa süren ve muamelede bulunduğu insanlara problem üreten kimsedir. Karşılık, amelin cinsinden olur. Dolayısıyla kolaylığın karşılığı, (Allah tarafından) kolaylık görmektir."* [4]

Şeyhin söyledikleri gerçekten çok önemlidir ve üzerinde düşünmeye değerdir. Özellikle âlimlerimizin zikrettiği "اَلْجَزَاءُ مِنْ جِنْسِ الْعَمَلِ/*Karşılık, amelin cinsinden olur."* kaidesine dikkat çekerek meseleyi *"yaptığını bulma"* kuralına dayan-

---
1. Buhari, Müslim.
2. Müslim
3. Müslim
4. Behcetu Kulûbi'l-Ebrâr, s.73.

dırması çok latiftir. Bilmelisin ki dünyada Allah'ın kullarına nasıl muamelede bulunursan, Allah da sana aynen öyle muamelede bulunacaktır. Eğer sen ticaretinde merhameti esas alarak kullara müsamahakâr davranırsan, Allah da sana rahmetiyle tecelli ederek müsamaha ile muamelede bulunacaktır. Yok, eğer ticaretinde kuralcı olur ve Allah'ın kullarına karşı toleransı elden bırakırsan, Allah da sana adaletiyle tecelli ederek *"ettiğini bulma"* ilkesiyle muamelede bulunacaktır. Bu durumda da kaybeden başkası değil, sadece sen olursun. Buna binaen sana tavsiyemiz şudur ki; Allah'ın seni affetmesini ve ahirette kolaylık göstererek muamelede bulunmasını istiyorsan, şu üç günlük dünyada Allah'ın kullarına karşı merhametli ol.

❋ ❋ ❋

Buraya kadar söylediklerimiz satıcı pozisyonunda olan esnaf kardeşlerimizi ilgilendirmektedir. Bunun bir de alıcı, yani müşteri tarafı var. Üstte zikrettiğimiz hadis, müşterilere de ayrıca bir mesaj veriyor ve onların da müsamahakâr olmaları gerektiğini vurguluyor.

"... Satın aldığında müsamahakâr davranan kula Allah rahmet etsin."

İş yerlerine gittiğimizde hepimiz görürüz; öyle müşteriler var ki olmayacak fiyatlar teklif ederek satıcıyı zora sokar ve ille de benim dediğim olacak diye tuttarur. Yine öyleleri var ki, karşı tarafı sanki çok aşırı kazanıyormuş edasıyla rencide eder. Bu tavırlarıyla iki suçu birden işlerler:

a. Karşı tarafı yalana sevk etme suçu.

b. Satıcının maddi çıkarını göz ardı ederek onu âdeta *"enayi"* yerine koyma suçu.

Oysa müşterilerin karşı tarafın ticaret yaptığını göz ardı etmemesi, mal alacaklarında satıcının durumunu göz önüne almaları gerekir. Bu adamın kirası var, elektriği var, suyu var, işçi parası var, yemek masrafı var... Şimdi bu adam belirli bir miktarda kâr elde etmezse tüm bu masrafları nasıl karşılayacak, bütün bu yükün altından nasıl kalkacak?

İşte müşteri pozisyonunda olduğumuz zaman bizlerin bunu hesaplaması, bu dükkânlarda bizlere hizmet sundukları için satıcıların kâr oranlarını çok kısma taraftarı olmaması gerekmektedir. Elbette ki bu işin pazarlık payı, makul bir fiyatta anlaşma durumu vardır. Bu teklif edilebilir. Bu teklif edildikten sonra eğer satıcı hâlâ diretiyor ve söylenen rakamın olmayacağını belirtiyorsa, çok da ısrarcı olmanın bir anlamı yoktur. Bu durumda işimize geliyorsa alır, işimize gelmiyorsa hayırlı işler dileyerek oradan ayrılırız. Böyle yapmamız, hem İslam adabına en uygun olanıdır hem de karşı tarafın hakkına saygı duyduğumuzun bir göstergesidir.

İşte zikrettiğimiz bu güzel hadisinde Peygamberimiz (sav), müşteri pozisyonunda olan kimselere ince bir mesaj veriyor ve satıcıları zora sokmamaları gerektiğini kendilerine hatırlatıyor.

"... Satın aldığında müsamahakâr davranan kula Allah rahmet etsin."

Ne mutlu alımında, satımında, ticari işlerinde, borç almasında, borç vermesinde ve meşru her işinde kolaylık gösterip müsamahakâr davranan kullara! Allah'ım! Sen bizleri böylesi kullarından eyle. (Allahumme âmin)

13. *"İkale"* Sünnetini İhmal Etme

Alışverişte müsamahayı anlatıp, ikale meselesine temas etmemek olmaz. İkale kelimesi sözlükte: *"Mevcut bir şeyi ortadan kaldırmak."* demektir. İslami ıstılahta ise: *"Karşılıklı rıza ile bir alışverişi iptal etmek"*tir.

Bu tanıma biraz daha açıklık getirerek ifade edecek olursak ikâle: *"Geçerli veya geçersiz bir sebebe dayanarak bir alışverişi bozmak isteyen bir müşterinin bu talebini kabul edip, tartışma ve probleme yer vermeden güzellikle ücreti geri ödemek ve müşteriye kolaylık sağlamak."* demektir.

İnsanoğlu kimi zaman alışverişinde hataya düşebilir. Bazen aldığı bir ürünü hiçbir kusuru olmadığı hâlde geri vermek ister. Bazen de aldığı ürünü o an için beğenmiştir ama daha sonra ürün hoşuna gitmez, bu nedenle de iade etmeyi arzular. İşte böylesi durumlarda satıcının ikale yapması, yani aslında malı almama gibi bir hakkı olduğu hâlde[1] malını geri alıp ücretini vererek müşteriyi memnun etmesi söz konusudur. Böylesi bir özveriyle hareket ederek müşteriyi rahatlatan bir satıcıya Allah Resûlü (sav) dua etmiş ve böylelerinin günahlarının da Allah tarafından ikale edileceğini, yani affedileceğini bildirmiştir. Resûlullah (sav) şöyle buyurur:

"Kim bir Müslim'in alışverişi bozma isteğini kabul ederse, Allah da onun yanlışlıklarını yok eder." [2]

"Kim pişman olan birisinin alışverişini bozma isteğini kabul ederse, Allah da kıyamet günü onun yanlışlıklarını yok eder." [3]

Yapılan alışverişi meşru bir sebep olmaksızın bozma hususunda kadınlar ve gençler ön safta yer almaktadırlar. Kadınlar, bazen çarşı pazarlardan eşlerinin izni olmadan bir şeyler alıyorlar, eşleri de bu durumu öğrenince kendilerine kızıyor ve hemen o malı geri vermelerini istiyorlar. Bu durumda kadın zorda kalıyor ve naçar vaziyette malı iade etme gereği hissediyor. Gençler de anne babalarının

---

1. *Bilindiği üzere İslam'da mal iade hakkı, ancak alıcı ve satıcı alışverişin gerçekleştirildiği o meclisten ayrılmadığı sürece söz konusudur. Meclisten ayrıldıkları anda artık satıcı isterse malı geri iade almayabilir. Almadığında kınanmaz; ama şayet alacak olursa ikâle yapmış olur ki, bu bir zorunluluk değil, caiz olan bir husustur.*
2. *Ebu Davud*
3. *Beyhaki*

izni olmadan alışveriş yapıyor ve paralarını onların kanaatince çarçur ediyorlar. Bu durumu öğrenince ebeveynleri kızıyor ve hemen malı geri vermelerini istiyorlar. Bu hâlde genç iki arada bir derede kalıyor ve ne yapacağını bilemiyor. İşte böylesi durumlarda satıcılar için sevap elde edecekleri büyük bir fırsat doğuyor. Eğer satıcılar ikale meselesinde birazcık özverili olur, toleranslı davranır ve karşı tarafa kolaylık sağlarlarsa, Allah da onlara kolaylık sağlayacak ve onların hatalarını bağışlayacaktır.

İkaleyle alakalı söylediğimiz şeyler, bir önceki başlıkta anlattığımız *"müsamaha"* kapsamındadır. Buna göre sırf Allah rızası için ikale yapanlar, inşallah Resûlullah'ın *(sav)* rahmet temennisine mazhar olacaklardır.

14. Ticaretinde *"Emin ve Dürüst"* Ol

Ticaret konusunda çok söz söylenebilir ama şunu unutmamak gerekir ki söylenecek bütün sözler döner dolaşır *"emin ve dürüst olma"* konusunda kilitlenir. Çünkü eminlik vasfı insani değerlerin başında gelmektedir. Buna binaen, müminiyle kâfiriyle tüm insanlar güvenilir olan ve dürüst davranan kimseleri sever, onlara değer verirler. Mekkeli müşriklerin daha risalet davası söz konusu olmadan önce Peygamber Efendimize *"El-Emin"* demeleri bunun bariz bir göstergesi değil midir? İşte bu nedenle bu vasfı oldukça önemsememiz ve üzerinde hassasiyetle durmamız gerekmektedir.

Bilinmelidir ki emin ve dürüst olma konusu, biz müminlerin nazarında öylesine önemli, öylesine mühimdir ki bunu sadece ticari bir alana sıkıştırmak büyük bir yanılgı olur. Bizlerin bu konuyu inanç meseleleri başta olmak üzere hayatın her noktasına yayması ve gerek ailevi meseleleri, gerek arkadaşlık ilişkilerini, gerekse de toplumsal konuları hep bu kavram üzerinden ele alması gerekmektedir. Bunu becerebildiğimizde aile fertlerimiz ve arkadaşlarımız da dâhil olmak üzere toplumun her kesiminin bizlere çok farklı bir gözle bakmaya başladıklarına şahitlik edecek, onlarla olan iletişimimizin çok daha pozitif bir noktaya geldiğini bizzat gözlerimizle göreceğiz.

İş bu raddeye vardığında gerek ticari olarak gerekse davetimiz açısından artık birçok hayrın kapısı bizlere açılmış olacaktır.

Bu sözlerimizde asla abartı ve mugalata yoktur; zira bu dinin temeli ve aslı *"güven"* üzerine inşa edilmiştir. Zaten *"iman"* kelimesinin sözlük itibariyle *"güvenmek"* manasına gelmesi de bu söylediklerimizin en açık kanıtıdır. Allah'a ancak O'nun sözlerine, hükümlerine, vaat ve vaîdlerine güvenen insanlar iman ederler. O'nun hükümlerine güvenmeyenlerden şirk koşmalarından başka ne beklenebilir ki!

Bugün insanlar Allah'a şirk koşuyor ve O'nun pak kanunlarını bırakıp yerine kokuşmuş hükümler vaaz edebiliyorlarsa, inanın bunun temelinde O'na ve O'nun hükümlerinin yeterliliğine güvenmemek söz konusudur. Zira bir insan Allah'ın söylediğinin tüm insanlık için *"en ideal şey"* olduğuna kanaat getirse, kalkar da yeni bir kanun arayışına girer mi hiç? Veya yeni bir hayat tarzı beklentisine? Eğer giriyorsa, bu bize kaçınılmaz olarak o kişinin hakkıyla Allah'a güvenmediğini göstermektedir.

Biraz önce de dediğimiz gibi, bu dinin temeli ve aslı

üzerine inşa edilmiştir. Bu nedenle güvenilir olmak çok önemlidir. Bizler birilerinin davamıza inanmasını bekliyorsak, her şeyden önce onlara güvenilir olduğumuzu, asla aldatan ve kandıran kimseler olmadığımızı ispatlamamız gerekmektedir. Bunu kanıtlamadan müspet manada bir şeyler beklemek saflık olur.

Konumuz ticaret...

Ticaret için de aynı şeyler geçerlidir. Eğer birilerine mal

satmak ve onları müşteri olarak kendimize bağlamak istiyorsak, öncelikle emin olduğumuzu onlara ispatlamamız gerekmektedir. Bunu becerebildiğimizde iyisiyle kötüsüyle insanların nasıl akın akın bize geldiğini, nasıl bizi tercih ettiklerini, nasıl bizi öncelediklerini gözlerimizle göreceğiz. Çünkü şu aldatma çağında artık insanlar güvenilir kimselere hasret kalmış, dört gözle dürüst insanları arar olmuşlardır. Bir şey alacakları zaman dürüst birisini gördüklerinde, kendi arkadaşlarını bile terk edip o kimseyi tercih eder olmuşlardır.

İşte mesele bu kadar önemli ve ciddidir. Bu nedenle bu noktayı dikkate almalı, emin ve dürüst olmaya son derece özen göstermeliyiz.

Meselenin önemini kavradıktan sonra hangi konularda emin ve dürüst olmamız gerektiğini izah etmeye geçebiliriz. Aslında *"şu meselede güvenilir olabilir, şu meselede de olmayabilirsin"* diyeceğimiz bir nokta yoktur. Çünkü Müslim her şeyiyle ve her meselede güvenilir olmalıdır. Ama ticaretin bazı konuları özellikle güven üzerine bina edildiği için birkaç hususu, sadece daha çok dikkatli olma adına zikretmeye çalışacağız.

a. Malının Kalitesini Ortaya Koyduğunda Dürüst Ol

Satılan malın kalitesini bilmek müşteri açısından oldukça önemlidir. İnsan neye para verdiğinin farkında olmak ister. Aldığı şeyin gerçekten para edip etmediğini bilmeyi arzular. Bu nedenle karşı tarafa malının kalitesini ortaya koyarken son derece titiz davran ve asla güvenilirliğini zedeleyecek bir yola tevessül etme. Satamayacağını bilsen bile dürüstlükten vazgeçme. Bil ki bu sana üç farklı hayrı temin edecektir:

1. Öncelikle Allah katında sana peygamberler, sıddıklar ve şehitlerle aynı makam ve mekânda olma olasılığı verecektir ki, bu gerçekten de çok büyük bir fazilettir.

Peygamber Efendimiz *(sav)* şöyle buyurur:

"Doğru sözlü ve güvenilir bir tacir, kıyamet günü Peygamberler, sıddıklar ve şehitlerle beraber olacaktır." [1] Bilinmelidir ki Allah ve Resûlü bir amele çok büyük bir mükâfat vadetmişse, belli ki o amel haddi zatında çok zordur. Kıyamet günü Peygamberler, sıddıklar ve şehitlerle beraber olmak basit bir şey midir? Elbette ki değil! O hâlde dünyada doğru sözlü ve güvenilir bir tacir olmak ve neticesinde bu büyük mükâfata hak kazanmak gerekir. Birileri *"Ya, doğru ve dürüst bir tacir olmakta ne var ki?"* diyebilirler. Ama yalanın, aldatmanın, sahtekârlığın, tefeciliğin ve faizin ayyuka çıktığı şu çağda ticarete atılın da, bir bakın bakalım adalet ve dürüstlük ilkesi üzere ticaret yapmak ne kadar zormuş! Bizler ticaretin içerisinde olan insanlar olarak bu zorlukları görüyor ve Efendimizin bu vaadinin ne anlama geldiğini daha iyi anlıyoruz. Allah hepimizi adil, güvenilir, dürüst ve doğru sözlü esnaflardan kılsın.

2. Farklı inançlarda bile olsalar insanların sana güven duymasını temin eder ki, bu, inandığın akidenin yayılmasında ve insanları tesiri altına almasında inanılmaz bir etki oluşturur. Şayet insanların akidene iman etmesini istiyorsan, sözünden önce amelinle onlara yol göstermelisin. Bir zamanlar Afrika, Etiyopya ve Malezya gibi ülkelere İslam'ın ulaştırılmasının sadece dürüst Müslim tacirlerin eliyle olması, bu söylediğimizin ne kadar doğru olduğunun sanırız en iyi kanıtıdır.

3. Ticaretinin artmasını temin eder ki, bu da senin zenginlemene ve malını artırmana vesile olur.

İşte, müşterine dürüstçe vereceğin çok basit cevapların çok büyük neticeleri... Bunlar birilerine abartılı gibi gelse de, şeriat ve tecrübe ile doğrulukları ispat edilmiştir. Bu

---

1. *Tirmizi.*

nedenle yeniden ispata gereği yoktur.

b. Kandırma Durumuyla Karşı Karşıya Kaldığında Dürüst Ol

Özellikle araba alım satımında, telefonculukta ve bilumum elektronik eşya ticaretinde kandırma durumu diğer sektörlere nazaran oldukça fazladır. Müslimler de İslami açıdan daha özgürce hareket ettikleri için olsa gerek, genellikle bu işleri yapmakta ve maişetlerini bu meslekler üzerinden temin etmektedirler. Bu nedenle diğer insanlara nazaran çok daha hassas olmalı ve mallarının –varsa– kusurlarını mutlaka söylemelidirler. Kandırarak ve aldatarak bir ticareti, batacaklarını bilseler bile yine de yapmamalıdırlar. Bu hem onların dünyası hem de ahiretleri için en hayırlı olanıdır.

Aldatarak ve kandırarak elde edilen kazanç, İslam'ın batıl kabul ettiği bir yolla elde edildiği için en iğrenç kazançlardan sayılmıştır ve haramdır.

"Ey iman edenler! Karşılıklı rızaya dayalı bir ticaret olması dışında, aranızda mallarınızı batıl yolla yemeyin. Kendinizi öldürmeyin. Şüphesiz ki Allah, size karşı merhametlidir." [1]

Müslim, takva ehli olabilmek için evvela haram lokmaya karşı dikkatli olmalı, midesine bu iğrenç kazançtan elde edilmiş bir çiğnemlik yiyeceği dahi sokmamalıdır.

"Bir gün Resûlullah, (muhtemelen denetlemek için) pazarda gezerken bir buğday yığını görür. Elini içine atar ve içinin ıslak olduğunu fark eder. Satıcıya nedenini sorar. Satıcı:

— Yağmur yağdı ve ıslandı ya Resûlullah, der. Bunun üzerine Efendimiz:

---

1. *4/Nisa, 29*

— *Peki, ıslak kısmını üste koysaydın da alıcılar fark ederek alsalardı ya, buyurur. (Ardından da şu meşhur ve önemli sözünü söyler:)*

— *Bizi aldatan bizden değildir."* [1]

Müslimler aldatmaya dayalı ticaret yaptıklarında Resûlullah'tan ve onun pak yolundan olmadıklarını bilmelidirler. Bu ifade tarzı belki küfür nispeti değildir ama zamanla küfre götürecek bir yolun girizgâhıdır. Efendimizin bu sözünü şöyle anlasak nasıl olur acaba? Hani *"mikrop öldürücüdür."* deriz ya; bizim bu sözümüzden behemehâl her mikrop bulaşan insanın öleceği anlaşılmaz. Ama çaresine bakılmazsa bir süre sonra o mikrobun insanı öldürebilmesi söz konusudur. İşte *"Bizi aldatan bizden değildir"* sözü de bir nevi böyledir. Eğer Müslimler aldatmaya dayalı ticaret çevirirlerse, imanlarını kemiren bir mikroba bulaşmışlar demektir. Bu mikrop karantinaya alınmaz ve icabına bakılmazsa zamanla onların imanını öldürür. Hem de küfür gibi tehlikeli bir zehirle!

c. Müşteri İhtiyacını Başka Bir Yerden Karşılayabileceğinde Dürüst Ol

Kimi zaman satıcı olarak elinde müşterinin ihtiyacını karşılayacağın bir malın bulunmayabilir. Örneğin, adam bir şey sorar, sende de o şey yoktur. Böylesi bir durumda başka yere gitmesin diye *"Gel abi, şu şey de senin işini görür."* diyerek aslında gerçek manada ona hitap etmeyen malı adamcağıza tavsiye etmemelisin. Adam senin sakalına ve İslami görünüşüne güvenerek o malı senden alıp, daha sonra arkandan hem sana hem de inancına hakaretler yağdırabilir. Böylesi bir durumda *"Ağabey, aradığın bende yok; ama onu şurada bulabilirsin."* diyerek adamı ihtiyacını asıl karşılayacağı yere yönlendirmeli ve ona yardımcı olmalısın. Bunu yaptığında belki ondan

---

1. *Müslim*

para kazanamayabilirsin ama ondan kazanacağın daha değerli bir şey var. O da: Adamcağızın sana güveni, itibar etmesi ve seni gözünde değerli bir konuma yükseltmesidir. Bunlar, inan paradan daha değerli şeylerdir. İşte sen bunu yaptığında o adam ihtiyaç duyduğu başka bir şeyde başkalarına değil, ilk olarak sana gelecek ve seni diğer insanlara tercih edecektir. Bu da, tecrübeyle sabittir.

Kısa Vadeli Kazanımlara Takılma!

Şunu hiçbir zaman aklından çıkarma ki, küçük vadedeki kazanımlar gerçek bir kazanım değildir. Asıl kazanım, uzun vadeli kazanımlardır. Sen bu hakikati ticaret hayatında *"serlevha"* yap ve küçük hesaplar peşinde koşuşturarak anlık kârlar elde eden, lakin neticesinde büyük kazanımları kaybeden biri olma!

Şimdi sana dürüstlüğünün neticesinde kısa vadede değil ama uzun vadede kârlı çıkan iki kimsenin kıssasını anlatacağız. Umarız bu kıssalardan kendine bir pay çıkararak büyük hedeflerin insanı olma yolunda bir adım atarsın.

Bu kıssalardan ilkini Efendimiz (sav) anlatmaktadır. Hâdise şöyle yaşanmıştır:

"Geçmiş zamanlarda adamın birisi, birisinden bir tarla satın alır... Satın aldığı tarlada, içerisinde altın bulunan bir küp bulur. Hemen araziyi aldığı adamın yanına giderek durumu anlatır ve:

— (Ben bu arazide altın küpü buldum.) Şimdi şu altınını al; zira ben senden sadece tarlayı satın aldım, altın satın almadım, der.

Tarlanın eski sahibi de:

— Ben sana tarlayı içindekileriyle beraber sattım. (Şu durumda bu altın küpünü alamam), diye duruma itiraz eder.

Aralarındaki bu anlaşmazlık uzayınca bir Müslim'in ha-

kemliğine başvurmaya karar verirler. Hakem olan adam:

— Çocuklarınız var mı? diye sorar.

Adamlardan birisi:

— Benim bir oğlum var, der.

Diğer adam ise:

— Benim de bir kızım var, diye cevap verir.

Bunun üzerine hakem olan kişi:

— Çocuklarınızı birbiriyle evlendirin; bu altınlardan da onlara harcamada bulunun, diyerek olayı çözer." [1]

Görüldüğü üzere hem tarlayı satın alan adam hem de tarlanın eski sahibi sırf dürüstlüklerinin karşılığı olarak çok daha hayırlı bir mükâfatla mükâfatlandırılmışlar ve çocuklarının birbiriyle evlenmesi nimetine mazhar olmalarının yanı sıra, bir de böylesi dürüst bir kimseyle dünür olma şerefine nail olmuşlardır.

Bu kıssada, dürüstlüğünden ödün vermeyenlerin kısa vadeli kârları kaybetseler de uzun vadeli kârları kaybetmeyeceklerine bir delil vardır. Eğer o kimse, satın aldığı tarladaki altın küpünü –caiz olmasına rağmen– hemen sahiplenseydi, hem kızına hayırlı bir damadı bulamayacak hem de kendisi gibi dürüst bir dünüre sahip olamayacaktı. Acele etmedi, kârlı çıktı.

İkinci kıssa ise Hanbelîlerin büyük âlimlerinden birisi olan Ebu'l-Vefa İbni Akîl'e ait bir kıssadır. Bu kıssada da dürüstlüğün uzun vadede ne kadar çok hayırlar getirdiğinin pratik hayattan bir delili vardır.

İbni Akîl (rh), çok engin bir ilme, derin bir fıkha ve büyük bir azme sahip birisidir. Yazdığı eserlerin 1000 cilde ulaştığı söylenir. Hatta onun *"El-Funûn"* adlı farklı ilim

---

1. Buhari ve Müslim.

dallarında kaleme aldığı bir eseri bulunmaktadır ki, bu eserin 800 cilt civarında olduğu nakledilmiştir.

İşte bu zat, fakir olmasına rağmen hac ibadetini yapmaya niyetlenir ve geze geze Allah'ın evi olan Kâbe'ye gider. Hac farizasını yerine getirdiği sırada, inciden mamul ve *"hayt-ı ahmer"*e, yani kırmızı özel bir ipe dizilmiş oldukça değerli bir kolye bulur. Lakin fakir olmasına rağmen onu sahiplenmezdi. Sonra kolyenin sahibini aramaya koyulur. Ama ne fayda! Sayıları yüz binlere ulaşan insan seli arasında kolyenin sahibini bulmak mümkün değildir. Bunu aramak tıpkı çölde kum tanesi aramak gibi bir şeydir. Fakat İbni Akîl, oldukça değerli olduğu için kolyeyi kaybedenin muhakkak çok üzüleceğini tahmin eder ve bu nedenle sahibini bularak emaneti ehline tevdi etmekte ısrarcı davranır. Öyle ya bunu kaybeden birisi gerçekten de çok üzülürdü; zira bu kolye normal bir kolye değildi. *"Hayt-ı ahmer"*e dizilmişti ve incidendi.

İbni Akîl, azmini yitirmemiş ve karşısına kolyenin sahibini çıkarması için dua dua Allah'a yalvarmıştı. Baktı ki tek başına sahibini bulamayacak, hemen durumu bazı insanlara arz etti ve kolyenin sahibini bulma noktasında kendisine yardımcı olmalarını istedi. Onlar da bir Müslim'e yardımcı olmak ve zora düşmüş birisinin sıkıntısını gidermek amacıyla hemen duruma el attılar ve kolyenin sahibini aramaya koyuldular. Aradan kısa bir süre geçmişti ki, arama ekibinden birisi ileridekİ yaşlı bir amcanın kolye aradığını duydu. İbni Akîl'e gelerek durumu arz etti ve bu kolyenin muhtemelen o kolye olabileceğini söyledi. İbni Akîl bunu duyar duymaz hemen adamcağıza doğru gitti. Yanına vardığında baktı ki adamcağız kör! O da her şeyi bırakmış belki de elindeki en değerli sermaye olan o kolyeyi arıyor. Hemen yanına sokuldu ve kolyenin gerçekten ona ait olup olmadığını tespit etmek amacıyla:

"Amcacığım, bir kolye kaybetmişsin; bana onun vasıflarını anlatır mısın?" dedi.

Adam kolyenin nasıl olduğunu bir bir anlattı.

İbni Akîl'in elindeki kolye, işte o kolyeydi! Hemen adamcağıza teslim etti. Adam o kadar sevindi, o kadar sevindi ki İbni Akîl'e ödül olarak 100 dinar vermek istedi. Ama Allah'ın rızasını her şeyin önüne almış olan İbni Akîl, bu teklifi reddedip parayı alamayacağını söyledi. Tüm bu iyiliklerin sadece Allah rızası için yapıldığına şahit olan yaşlı amca, o dürüst insana içten ve samimi bir şekilde çokça dua etti.

İbni Akîl, hac görevini ifa ettikten sonra memleketi Bağdat'a gitmeden önce Kudüs ve civarındaki âlimleri ziyaret etmeyi, ziyaretlerinin ardından memleketine geçmeyi arzulamıştı. Önce Kudüs'e vardı, orada bir süre kalıp ziyaretlerini gerçekleştirdi. Sonra Şam şehirlerini gezdi ve en sonunda bu şehirlerden olan görkemli diyar Halep'e uğradı. Ancak Halep'e vardığında, zaten az olan parası bütünüyle bitmişti. Açlık ve yorgunluk had safhadaydı ve bunlar nedeniyle bitap düştü. Orada bir mescide sığındı. Namazını kıldıktan sonra olduğu yere sızdı kaldı. Bir sonraki namazın vakti girmişti. Bu nedenle cemaat mescide geldi. Bir de baktılar ki mescidde bir yabancı! Hâli, oraların adamı olmadığını söylüyordu. Onların gelmesiyle İbni Akîl de uyandı. Kalktı, abdest alıp namaz için tekrar mescide girdi. Lakin ortada düzgün namaz kıldıracak birisi yoktu. Çünkü mescidin imamı, hac farizasını ifa edip memleketine geldikten sonra vefat etmişti. Cemaat her seferinde iyi namaz kıldıran birisini bulmak için namaz öncesi nida ediyor ve bu şekilde imam boşluğunu doldurmaya çalışıyordu. Yine seslendiler:

"— Bize kim namaz kıldırır? Kimseden ses çıkmamıştı.

İbni Akîl der ki: Baktım ki kimseden ses çıkmıyor öne doğru çıkarak:

— Ben kıldırabilirim, dedim.

Sonra sözlerine şöyle devam eder: Namazı kıldık. O gün Ramazan ayı girmek üzereydi. Cemaat namazı güzel kıldırdığımı görünce bana:

— *Ey yabancı, sen bu ay boyunca bizlere hem normal namazları hem de teravih namazını kıldırsan olur mu? diye teklifte bulundu. Düşündüm. Hem aç hem yorgun hem de bitaptım.*

— *Evet, olabilir, diyerek tekliflerini kabul ettim.*

Bir ay süreyle onlara namaz kıldırdıktan sonra cemaat bana yeni bir teklifle geldi. Bu seferki teklif daha farklıydı. Dediler ki:

— *Bizim vefat eden imamımızın bir kızı var. Sen de bekarsın. Gel, biz seni onunla evlendirelim ki, bu sayede hem aile sahibi olasın hem de bize imamlığa devam edesin.*

Bu tekliflerini de 'evet' diyerek kabul ettim.

Sonra imamın kızıyla evlendim. Benim ondan bir oğlum oldu. Ama fazla bir süre geçmemişti ki, eşim hastalandı. Hasta yatağında iken boynunda evliliğim süresince hiç görmediğim bir gerdanlık gördüm ve bir anda şaşırarak:

— *Kimindir bu, dedim. Eşim:*

— *Benim, diyerek cevap verdi.*

Şaşırmıştım. Çünkü bu gerdanlık benim hacda bulduğum 'hayt-ı ahmer'e dizili olan inci gerdanlıktı! Eşim, şaşkınlığımı görünce olayı anlamak için:

— *Hayır mı? diye sordu.*

Ben de hacdaki gerdanlık hikâyesini anlattım. Bunu duyunca eşim ağladı ve:

— *Demek o sensin ha! Vallahi babam bana bu olayı anlattı. Hacda gerdanlığı kaybettiğini ve emin bir Müslim'in gerdanlığı bularak babama teslim ettiğini söyledi. Babam* o olaydan sonra gözyaşları içerisinde her daim dua eder ve: 'Allah'ım! Benim kızımı bu delikanlı gibi emin ve dürüst birisiyle evlendir.' diye yalvarırdı. Gördüm ki Allah, babamın duasına ziyadesiyle icabet etti. İşte sen o emin adamsın, dedi.

İbni Akîl devamla şöyle der:

Eşim bir süre daha yaşadı, ama fazla geçmeden vefat etti. Ben de oğlumu ve o gerdanlığı miras alarak Halep'ten ayrıldım ve tekrar eski yurdum olan Bağdat'a geldim..."

Evet, emin ve dürüst olmanın insana uzun vadede kazandırdığı kârın boyutlarını ortaya koyan ilginç bir kıssa. Bu kıssanın özünü bizlere *"Siyeru A'lâmi'n-Nubelâ"* adlı eserinde İmam Zehebi anlatır. Detayları ise farklı bazı kaynaklardan istifade edilerek nakledilmiştir.

Şimdi gel, beraberce düşünelim: Eğer İbni Akîl (rh) kısa vadeli hesaplar yapıp bulduğu o kolyeyi kendisine saklasaydı, eşine ve o eşinden doğan kendisi gibi âlim olacak yavrusuna sahip olabilir miydi?

El-cevap: Olamazdı!

İşte bu, dürüstlüğün uzun vadede insana kazandırdığı büyük kârın bir yansımasıdır.

Bu nedenle sen ey tacir kardeşim, sakın ola müşterilerinin elindeki parayı kısa vadeli hesaplarla cebine indirme derdinde olma! Büyük düşün, basiretinle ileriyi gör. Alavere dalavere ile o an müşterilerinin parasını cebine indirsen bile, bunun müstakbelde sana hayır getirmeyeceğini aklından çıkarma! Ayrıca sen tüm insanlığa tevhidi ulaştırma görevi taşıyacak kadar büyük düşünmeyi ihmal etmemelisin. *"Ya, ticaretle bunun ne alakası var?"* dememeli, işini de bu amaca götüren bir araç kabul etmelisin. Sen, Müslim ve davetçi bir tacir olarak yaptığın her iyiliği toprağa atılmış bir tohum olarak değerlendirmeli ve asla yaptıklarının yarın karşına çıkmayacağı zehabına kapılmamalısın. Sen bir tane bile olsa tohumu toprağa at, onu yeşertip büyütmek O'na aittir. Zira O (cc), bazen biri bin yapandır.

❈ ❈ ❈

Emin ve dürüst olmanın zıddı *"hıyanet"*tir. Hıyanet hakkında çok söz söylemeye gerek yoktur; zira Efendimizin bu hasleti münafıkların alametlerinden sayması bile ondan sakınmamız için yeterli bir gerekçedir.

"Münafığın alameti üçtür: Konuştuğunda yalan söyler, söz verdiğinde sözünden cayar, kendisine bir şey emanet edildiğinde hıyanet eder." [1]

Müslim, ticaretinde kaybeden olsa dahi asla eminlik vasfını zedeleyecek eylem ve söylemlerde bulunmamalıdır. Çünkü o bilir ki, hayır ve bereket ancak Allah'ın emirlerine bağlanıp, yasaklarından sakınmakla elde edilir. Hıyanette bulunmak Allah'ın en özel yasaklarından olduğu için asla insanlara karşı hainlik etmez.

15. Ticaretinde *"Doğru Sözlülüğü"* Elden Bırakma

Sıdk ehli olmak, yani her daim doğru söyleyip, sadakatle davranıp aleyhinde bile olsa doğruluktan vazgeçmemek bir Müslim'in şu dünyada sahip olabileceği en büyük değerlerdendir. Doğru sözlülük hayatın her alanı için çok önemlidir. Sadece ticarette değil; aile ilişkilerinde, sosyal birlikteliklerde, arkadaşlıklarda ve bilumum insanlarla olan muamelelerde gerçekten de hayati öneme sahiptir ve ilişkilerin sağlıklı bir şekilde devam edebilmesinde basite alınmayacak bir yeri vardır. İnsanlar, kendileri

---
1. *Buhari ve Müslim.*

bihakkın beceremese de özü sözü doğru olan kimselere itibar eder, onları sever, onlara yakın durur ve onları diğer kimselere tercih ederler. İşte bu gibi nedenlerden ötürü doğru sözlü olmanın normal hayatta ve ticaret hayatında çok mühim bir yeri vardır.

Doğru sözlülüğün faziletine dair Resûlullah (sav) şöyle buyurur:

"Şüphesiz ki (söz ve işteki) doğruluk insanı takvaya iletir. Takva da cennete götürür. Kişi doğru söyleye söyleye Allah katında 'sıddık/doğruluk ehli' diye kaydedilir. Yalancılık ise, insanı fücura/yoldan çıkmaya sürükler. Fücur da cehenneme götürür. Kişi yalan söyleye söyleye Allah katında 'yalancı' diye yazılır." [1]

Bu hadisten, doğruluk ve doğru sözlülük hakkında çıkaracağımız çok önemli nükteler, deruni manalar vardır. Bunları şu şekilde kısaca özetleyebiliriz:

1. Bir insan doğruluğu kendisine esas alıp hayatını hep bu ilke üzere yaşamaya gayret ettiğinde, bu onu yaşamının diğer alanlarında da hayra yönlendirecektir. Doğru söyleyen insan her söz ve amelinde kaçınılmaz olarak takvalı davranacak, takvalı davranmak da onu daha iyi bir kul hâline getirecektir. İşte hadisimizin *"Doğruluk insanı takvaya iletir."* kısmı bunun delilidir.

2. Doğruluk, insanı cennete götüren bir amel olmasının yanı sıra, kişiyi Allah katında *"sıddıklardan"* kılan bir ameldir aynı zamanda. Peygamber Efendimiz (sav) şöyle buyurur:

"Doğru sözlü ve güvenilir bir tacir, kıyamet günü peygamberler, sıddıklar ve şehitlerle beraber olacaktır." [2]

Bilmek gerekir ki Allah katında *"sıddıklık makamı"*,

---
[1]. Buhari ve Müslim.
[2]. Tirmizi

peygamberlikten sonraki en üst makamdır. Hatta şehitlik makamı bile derece itibariyle ondan daha alt seviyede kalmaktadır. Bunun delili Rabbimizin şu ayetidir:

"Kim Allah'a ve Resûl'e itaat ederse bunlar, Allah'ın kendilerine nimet verdiği nebiler, sıddıklar, şehitler ve salihlerle beraber olacaklardır. Ne güzel arkadaştır bunlar!" [1]

Görüldüğü üzere bu ayette Rabbimiz, kendisine ve Resûlü'ne itaat edenleri ahirette iyi kimselerle beraber olma şerefiyle ödüllendireceğini vadetmiş ve bu noktada önce Peygamberleri, sonra sıddıkları, sonra şehitleri, sonra da salih kimseleri zikretmiştir. Bu sıralamayı baz aldığımızda hangi makamın diğer makama nispetle daha üstün olduğunu rahatlıkla anlayabiliriz.

İşte, her daim doğruluk ilkesiyle hareket edip hayatlarını *"sıdk"* üzere inşa edenler, şehitlerden bile üstün bir konuma erişecek ve Ebu Bekir'in (ra) imamlık ettiği sıddıkiyet makamına nail olma şerefine hak kazanacaklardır. Belki yıllardır şehadet aşkıyla yanıyor, ama bir türlü şehit olamıyorsundur. Üzülme! Şayet hayatının her karesini doğruluk ilkesine göre yaşamaya çalışırsan, o zaman şehitlikten bile üstün bir makam olan sıddıkiyet makamı seni beklemektedir. Acaba Ebu Bekir'le (ra) aynı konumda olmak seni sevindirmez mi?

3. Bir iyilik başka bir iyiliği, hayırlı bir amel başka salih bir ameli doğurur. Buna mukabil bir kötülük başka bir kötülüğü, şer bir amel de başka kötü bir ameli meydana getirir. Bu, kaçınılmaz olarak böyledir. Buna göre eğer sen doğru sözlülüğü kendine prensip edinir ve her daim sadakatle amel etmeye çalışırsan, bu zorunlu olarak seni takvaya, yani hayatın diğer alanlarında da Allah'ın razı olacağı amelleri yapmaya iletecektir. Buna mukabil eğer

---

1. *4/Nisa, 69*

sen yalanı kendine prensip edinir ve sürekli yalan eksenli bir hayat yaşamaya çalışırsan, bu da seni fücura, yani hayatın diğer alanlarında da Allah'ın asla razı olmayacağı günahları işlemeye sevk edecektir. Bu nedenle bazı gafillerin dediği gibi asla ve asla *"Bir kereden ne olacak ki?"* dememelisin. Doğru söz, bir kere bile olsa insanı ikinci bir iyiliğe, yalan söz de bir kere bile olsa insanı ikinci bir kötülüğe sevk edecektir.

Tacirlerin doğru söylemesi ve ticaretlerini doğruluk esası üzere icra etmesi aslında kendi menfaatlerinedir; çünkü doğruluk beraberinde hayır ve bereket getirir. Peygamberimiz (sav) doğruluğun bereket getireceğini şu sözüyle ifade etmiştir:

"Alışveriş yapanlar, birbirlerinden ayrılmadıkça (akdi bozma hususunda) muhayyerdirler. Eğer doğru söyler ve (açıklanması gereken şeyleri) beyan ederlerse, bu alışverişleri her ikisi hakkında da bereketli kılınır. Gerçeği gizler ve yalan söylerlerse, alışverişlerinin bereketi usul usul yok edilir." [1]

Ticaret hakkında söz söyleyen âlimlerimiz, bu hadisten hareketle ticarette doğru sözlülüğün bereket, yalanın ise bereketsizlik getireceğini istidlal etmişleridir. Ve yine âlimlerimiz bu hadisteki vaat ve vaîdin, hem alıcıyı hem de satıcıyı kapsadığını, bu nedenle sadece satıcının değil, alıcının da doğru söylemekle mükellef olduğunu ifade etmişlerdir.

Alışveriş yapanların doğru söylemeleri fiyat, malın kalitesi, ödeme şekli gibi her iki tarafı da ilgilendiren hususların hepsine şamildir. Hadiste geçen *"beyan etmek"*ten maksat da, satılan eşyanın kusurunun olduğu gibi eksiksiz açıklanmasıdır. Alışverişin bereketli olması, çok para ka-

---
1. *Buhari ve Müslim.*

zanılması demek değildir. Bereket; alışverişin faydasının çok olması ve her iki tarafa da hayırlar getirmesidir.

Ticarette doğru sözlü olmak ve sıdk ile hareket etmek insanı kıyamet günü kötü bir dirilişten engeller. Rufaa (ra) anlatır:

"Kendisi bir gün Peygamberimiz ile birlikte namaz kılmak üzere musallaya çıkmıştı. Peygamberimiz insanların alışveriş yaptıklarını gördü ve onlara: 'Ey tacirler topluluğu!' diye seslendi. Bunu duyan tacirler, hemen Resûlullah'a icabet ederek başlarını kaldırdılar ve ona bakmaya başladılar. Bunun üzerine Resûlullah şöyle buyurdu: Şüphesiz ki tacirler, kıyamet gününde facirler olarak diriltileceklerdir. Ancak takva ile hareket eden ve doğru sözlü olanlar bundan müstesnadır." [1]

Bu hadise göre takva ve doğru sözlülük vasfını kendisinde bulunduran kimseler hariç tüm ticaret ehli, dünyada ticaret çevirirken yaptıkları hatalar nedeniyle günahkâr kimseler olarak haşredilecektir. Ama bu iki vasfa sahip olan tacirler, kötü bir dirilişten muhafaza edilecek ve Allah'a facir değil, adaletli bir tacir olarak gideceklerdir.

Senedi tartışmalı olan bir rivayette de Efendimiz (sav) doğru sözlülük, eminlik, sözde durma ve aldatmama gibi güzel vasıflara sahip olan tacirlerin helal kazanç elde eden kimseler olduğunu ifade ederek şöyle buyurmuştur:

"En helal kazanç; konuştuklarında doğru söyleyen, emanet aldıklarında ihanet etmeyen, söz verdiklerinde caymayan, satın aldıklarında kınamayan, sattıklarında (mallarını) aşırı övmeyen, borçlandıklarında borçlarını geciktirmeyen ve alacaklı olduklarında zora sokmayan tacirlerin kazancıdır." [2]

---

1. *Tirmizi*
2. *Beyhaki*

Ticarette doğru sözlü olmak zikrettiğimiz bunca faziletinin yanı sıra, aynı zamanda insanların sana bakışını da etkileyen bir husustur. İnsanlar senin doğru sözlülüğün, dürüstlüğün ve ahlakın hakkında iyi bir kanıya sahip olduklarında bundan etkilenip *"Bu ne kadar güzel bir insan!"* diyerek senin itikadına dair söylemiş olduğun sözleri de dikkate alırlar.

Sütçülük yapan bir kardeşimiz vardı. Bu kardeşimiz bizim de beğendiğimiz birçok güzel vasıflara sahipti. Sözünde durur, aldatma yapmaz, karşı tarafa güven verir ve genel anlamda İslam'ın emrettiği şekilde bir hayat sürerdi. Ticareti de böyleydi. Bu kardeşimiz, mandıracılıkla uğraşan birisine yıllardır süt verirmiş. Adam artık kendisine o kadar güvenmiş, o kadar güvenmiş ki sütü kendisi tartmaz, ağabey tartıp ne derse ona inanırmış. Aynı zamanda bu ağabey o mandıracıya inancını da anlatır ve bunun üzerinde uzun uzun konuşurlarmış. Günün birinde bu ağabey, takibata uğramış ve polis tarafından gittiği her yer kayıt altına alınmaya başlamış. Polis, onun toplumdan tecrit edip popülaritesini yok etmek için süt verdiği esnafları gezmeye ve onun aleyhinde konuşmaya koyulmuş. Tabi bu mandıracıya da gelmişler ve:

"— Kardeşim, bu adamdan süt almayı bırak; çünkü bu adam senin Müslim olduğuna inanmıyor. Bu adam şöyledir, bu adam böyledir... diyerek bin bir türlü yalan ve iftirayla abi hakkında karalama yapmaya çalışmışlar.

Mandıracı polisleri dinlemiş ve:

— Siz ne diyorsunuz kardeşim! Ben bu adamla yıllardır çalışırım, daha bir kere olsun yalanına ve aldatmasına şahit olmadım. Birçok süt satıcısı gördüm, genelde hileli yollara başvuruyorlardı. Bu adam ise o kadar dürüst ki, ben ona güvendiğimden dolayı terazi bile tutmuyor, onun söylediğine aynen itibar ediyorum. Ne yapayım beni Müslim

görmemesi onun inancıdır. Ben bu konuda da samimiyetle hareket ettiğine inanıyorum. Ben asla onla olan ticaretimi bozamam, diyerek adamları paylamış ve adamlar çekip gitmek zorunda kalmışlar..."

İşte doğru sözlü olmak ve insanları sadakatine inandırmak bu kadar hayırlı ve bereketli sonuçlar doğurur. Sen de bu ahlakı hayatının temel ilkesi hâline getirerek insanların akide ve inancına güzel bir gözle bakmasını sağlayabilir, onları tevhide girdiremesen de en azından düşmanlıklarından emin olmuş olursun. Bu da azımsanmayacak kadar önemli bir hususturr.

Madâ bin İsa şöyle der:

"İbrahim bin Ethem, arkadaşlarını çok namaz veya çok oruçla geçmedi; lakin onları doğruluğu ve cömertliğiyle geçti." [1]

❉ ❉ ❉

Doğru sözlü olmanın zıddı yalancılıktır. Yalancılık hakkında bilmem çok söz söylemeye hacet var mı?

Efendimizin (sav) bu hasleti münafıkların alametlerinden sayması bile ondan alabildiğine uzak durmamız için yeterli bir sebeptir.

Müslim, ticaretinde zarar da etse, bütün kazancını da kaybetse asla yalana başvurmaz. Dünyayı bir kefeye koysalar, yine de Allah'ın haram kıldığı bu kötü haslete tevessül etmez. Onun için doğruluk esas olduğundan dolayı yalandan son derece sakınır.

Seleften Mansur bin Mutemir'in (rh) şöyle dediği nakledilmiştir:

"İçerisinde helaki görseniz bile doğruluktan vazgeçme-

---

1. Tehzibu'l Hilye, 2/478.

yin; çünkü kurtuluş ondadır. İçinde kurtuluşu görseniz bile yalandan sakının; çünkü helak ondadır." [1]

Sen ticaretinde kaybedeceğini, zarara uğrayacağını ve fakir düşeceğini bilsen bile asla yalana tevessül etme; doğruluğu ilke edinerek dilini hep hak söz söylemeye alıştır. Bil ki bu eninde sonunda sana hayrı getirecektir.

Peki, Doğru Sözlü Olduğunda Ödülün Ne?

Doğru sözlü olanlara Allah kıyamet günü çok büyük ödüller verecektir. Bu ödüllerin başında ebedî cennet gelmektedir. Ardından ise Allah'ın rıza ve hoşnutluğu... Rabbimiz bu gerçeği Maide Suresi'nde anlatır. Şimdi gel, şu ayeti tane tane okuyarak birazcık üzerinde düşünelim:

"Allah diyecek ki: 'Bugün, doğrulara doğruluklarının fayda vereceği gündür. Onlara altından ırmaklar akan ve içinde ebedî kalacakları cennetler vardır. Allah onlardan, onlar da (Allah'tan) razı olmuşlardır. Bu, büyük bir kurtuluştur/kazançtır.'" [2]

İşte kardeşim, doğru sözlü olmak böylesine güzel sonuçlar doğuran önemli bir konudur. Sen Müslim bir tacir olarak mutlaka bu vasıfla muttasıf olmalı ve malını satarken, malını överken, malının kusurlarını anlatırken, müşterine söz verirken, borcunu öderken... doğru söyleyerek Allah katındaki bu ödülleri kazanmaya namzet olduğunu ispat etmeye çalıştığın gibi, ayrıca kullara karşı sıdk görevini de ifa etmelisin. Sen böyle olduğunda hem ticaretinin bereketini görecek hem de insanların senin akidene inanmasının zeminini hazırlamış olacaksın.

Allah bizi ve seni özü sözü doğru olan sadık ve sıddık kullarından eylesin.

---

1. İbni Ebî'd Dünya, Makârimu'l-Ahlak, 133.
2. 5/Mâide, 119

16. Ticaretinde Sözlerini Yerine Getir

Sözde durmak ve insanlara verilen ahitlere riayet etmek, müminlerin en belirgin vasıflarındandır. Müminler ister kendi inançlarından olsun ister olmasın her türlü insana karşı bu sorumluluğu yerine getirir ve herkesin karşısına *"ahde vefa"* kimliğiyle çıkarlar. *"Şu kâfirdir, bu Müslim'dir"* şeklinde bir ayrımla asla ahde vefa kriterini çiğnemez, bu konuda herkese karşı eşit mesafede olunacağının bilinciyle hareket ederler.

Ahde riayet etmek ve sözde durmak, sosyal hayatın düzen içerisinde devam edebilmesi açısından çok önemlidir. Bu nedenledir ki Rabbimiz, bu ahlak ilkesini biz müminlere farz kılmış ve kitabının müteaddit yerlerinde emrivaki bir üslupla bunu bizlerden talep etmiştir. Rabbimiz şöyle buyurur:

"Ergenlik çağına erişinceye kadar yetimin malına yalnızca güzellikle yaklaşın. Ahde vefa gösterin. Çünkü ahid, sorumluluktur.." [1]

"Ey iman edenler! Sözleşmelerinize bağlı kalınız." [2]

Görüleceği üzere bu ayetler, ahde vefayı ve verilen söze riayeti emreden bir üslupla gelmiştir. Kur'ân ve sünnette yer alan emir kalıplarının, aksi bir delil olmadığı sürece farziyet ifade edeceği, fıkıh usulüne dair birazcık malumatı olan herkesin bildiği bir husustur. Buna göre verilen sözü tutmak ve ahde vefa göstermek Allah'ın farzlarından bir farzdır. Aksine hareket etmek haramdır. Allah'ın bu emrine muhalefet edenler; tıpkı oruç tutmayan, zekât vermeyen ve hacca gitmeyen kimseler gibidirler.

Bu, işin hüküm yönü...

---

1. 17/İsrâ, 34
2. 5/Mâide, 1

Bu konunun bir de övgü yönü var. Şöyle ki: Allah (cc), kitabının muhtelif yerlerinde bu emri yerine getirerek sözde durmayı kendilerine prensip edinen kullarını övmüş ve cennetin en üst makamı olan Firdevs'e, onların vâris olacağını bildirmiştir. Rabbimiz şöyle buyurur:

"(O iyilik sahibi kullar) söz verdiklerinde sözlerini yerine getirenlerdir..." [1]

"... Onlar (gerek Rableriyle kendi aralarında, gerek insanlarla aralarında var olan) emanetlerini ve sözlerini gözetirler." [2]

"Onlar, (gerek Rableriyle kendi aralarında gerek insanlarla aralarında var olan) emanetlerini ve sözlerini gözetirler." [3]

"... İşte bunlar vâris olanlardır. Onlar, Firdevs cennetlerine vâris olurlar ve orada ebedî kalırlar." [4]

Firdevs; dünya kuruldu kurulalı şu küre-i arzda hayat süren her mümin gönlün iştiyakla arzuladığı eşsiz mekânın adıdır. Oranın kadr-u kıymetini bilenler, oraya ulaşabilmek için nice mallar, nice canlar feda etmişler; nice yardan, nice yârenden vazgeçmişlerdir. Tüm bu zorluklara sırf o benzersiz yurda ulaşabilmek için katlanmışlardır. Sen de Müslim bir tacir olarak oraya gitmek istemez misin?

Eğer -Mü'minûn Suresi'nde anlatılan diğer şartlarla birlikte- akitlerine, sözlerine ve anlaşmalarına gereği gibi riayet ederek bu şartın hakkını verirsen, o zaman o kutlu mekâna ulaşman umulur. Unutmamak gerekir ki Allah, kullarından dilediğine yolu kısaltır, dilediklerine kolaylaş-

---

1. 2/Bakara, 177
2. 70/Meâric, 32
3. 23/Mü'minûn, 8
4. 23/Mü'minûn, 10-11

tırır. Bu nedenle Allah'tan bize ve size o kutlu mekânın yolunu kolaylaştırmasını isteriz. (Allahumme âmin)

Sözde durmak ve ahde vefa göstermek ahir zaman insanlarının hakkıyla yerine getiremediği bir olgu hâline gelmiştir. Müslimler bile artık neredeyse sözünde durmayan insanlar olarak toplum içerisinde tanınmaya başlamış, bu kötü vasıfla bilinir olmuşlardır.

Subhanallah!

Nasıl olur da insanlığa Allah'ın mesajını iletmeye talip olan kimseler, Allah'ın en önemli farzlarından birisini çiğner, en önemli ahlak ilkelerinden olan bir kurala muhalefet ederler?!

Bu gerçekten de izahı olmayan bir husustur.

Bir Müslim *"Ben Müslim'im"* dediği andan itibaren kendisini ıslah etmeli ve bu tür ahlakın olmazsa olmazı diyebileceğimiz konularda azamî derecede titizlik göstermelidir. Aksi hâlde ne davasında ne ticaretinde ne de sosyal hayatın diğer yönlerinde bir bereket bulabilir. Hayatı bin bir olumsuzlukla sürer gider. Bunun da sonu elbette ki hüsran olur.

Oysa hayatının her alanında kendisine tabi olmakla şeref duyduğumuz rehberimiz Muhammed (sav), asla sözünde durmamak ve ahde vefa göstermemek gibi bir vasıfla tanınmamıştır. Aksine söze riayete o kadar önem vermiş, o kadar önem vermiştir ki artık bu haslet onun nezih hayatında hiçbir zaman muhalefet etmediği ve hayatının her karesinde muhakkak riayet ettiği bir *"ahlak ilkesi"* hâline dönüşmüştür. Sadece İslam döneminde değil, İslam'dan önceki dönemde de bu ahlakından ödün vermemiş, insanlarla muamelelerinde bu ilke gereğince hareket etmiştir.

Şu rivayet bunun en açık örneklerindendir: Abdullah bin Ebi'l-Hamsa anlatır:

"Ben, Resûlullah'a peygamberlik gelmeden önce kendisiyle bir alış veriş yapmıştım. Benden biraz alacağı kalmıştı. Alışveriş yaptığımız o yerde borcumu vereceğime dair kendisine söz verdim; fakat farkında olmadan verdiğim sözü unuttum. Tam üç gün sonra sözümü hatırladım ve hemen oraya gittim. Birde baktım ki, Resûlullah hâlâ aynı yerde bekliyor! Bana:

— Delikanlı, bana zahmet verdin. Tam üç gündür burada seni bekliyorum, dedi." [1]

Düşünmek gerekir, İslam gelmeden önce böylesine hassas olan bir Peygamber, acaba İslam geldikten sonra nasıl davranmıştır diye?

Elbette ki İslam geldikten sonra daha da hassaslaşmış ve kâfir bile olsa hatta can düşmanı bile olsa insanlardan hiçbirisine verdiği sözden caymamıştır. Bu suretle de aleyhine olan konularda bile sözlerini tutarak bu ahlak ilkesine nasıl riayet edilmesi gerektiğini fiilî olarak biz ümmetine göstermiştir.

Şu zikredeceğimiz örnekler bunun en açık delillerindendir. Bir Müslim bunları dikkatle tahlil ederek insanlara söz verdiğinde –düşman bile olsa– ona nasıl riayet etmesi gerektiğini Peygamberinden öğrenmelidir.

Şimdi Allah için şu örnekleri dikkat kesilerek, anlayarak ve tefekkür ederek okuyalım:

a. Resûlullah'ın Hudeybiye Antlaşması'ndaki Tutumu

Hudeybiye Barış Antlaşması, tüm zorlukları ve zahirî planda taviz gibi görünen maddelerine rağmen Allah'ın *"fetih"* olarak adlandırdığı bir antlaşmadır. O kabulü çok

---
1. Ebu Davud

zor olan şartlarında bile Efendimiz *(sav)* asla sözünde durmamazlık etmemiş ve tıpkı Müslimlere söz verip yerine getirdiği gibi, Allah düşmanlarına da söz verip yerine getirmiştir.

Şimdi gelin, bu antlaşma bentleri içerisinde Müslimlere kabulü en zor olan şartı şöyle kabataslak bir hatırlayalım: Hani Efendimiz *(sav)*, bu maddeler içerisinde yer alan *"Müslimleri kâfirlere teslim etme"* şartına tamam demişti de, orada bulunan sahabiler ilk etapta işin mahiyetini kavrayamadıkları için itiraz etmiş ve *"Nasıl olur da böylesi bir şarta 'evet' deriz!"* diyerek tepki göstermişlerdi. Daha sonra Efendimiz şartlar ne olursa olsun verdiği sözden dönmeyeceğini kesin bir dille ifade edince, sahabiler sükût etmiş ve zoraki de olsa olayı kabullenmişlerdi. Lakin kısa bir süre sonra sözde durmanın getirdiği bereket meyvesini verince işin hakikati anlaşılmış ve tüm zorluğuna rağmen bu şarta riayet bir fetih olarak Müslimlere geri dönmüştü.

Olay şu şekilde cereyan etmişti:

Mekke'den Müslim olup Medine'ye gelen kimseler, Mekkelilerin geri istemesi durumunda Kureyş'e iade edileceklerdi. Müşrikler böyle bir şart koşmuşlar ve riayet edeceğine dair Efendimizden ahid almışlardı. İşte tam bu şart kaleme alındığı sırada, bizzat anlaşmayı yapan Süheyl bin Amr'ın oğlu Ebu Cendel *(ra)*, ayaklarında zincirler olduğu hâlde Müslimlerin yanına gelmişti. Mekke'deki esaretten kaçtığı için ayaklarındaki prangalar hâlâ duruyordu. Onlar bu anlaşmayı imzalayacaklarında o kutlu sahabi Resûlullah'dan *(sav)* yardım talep etti. Bütün Müslimler bu acıklı manzara karşısında çok üzülmüşler ve Ebu Cendel'i müşriklere geri vermek istememişlerdi.

Ama Resûlullah *(sav)* ne yaptı?

Duygusallığı bir tarafa koyarak vakıanın gerektirdiği şeyle amel etti ve tam bir kararlılık içerisinde Ebu Cendel'e:

"Ebu Cendel! Sabret bakalım! Biz bu insanlara bir söz verdik ve biz asla sözümüzden dönemeyiz. Allah en kısa zamanda sana bir yol gösterecektir." diyerek müşriklere verdiği sözden dönmedi.

Resûlullah (sav) en azılı düşmanları olmalarına rağmen Kureyşlilere verdiği sözü tutmuş ve kısa bir müddet sonra bunun bereketini aşikâr bir şekilde müşahede etmişti.

Bu olaydan bizlerin şu gerçeği ders olarak çıkarması gerekmektedir: Düşman bile olsa insanlara verdiğimiz sözden dönmemeliyiz. Şartlar ne olursa olsun ahdimize riayet etmeliyiz. Bu hassasiyetimiz, kısa sürede olmasa da, uzun vadede bizlere mutlaka hayır ve bereket getirecektir. Tıpkı Efendimize feth-i mubin bereketini getirdiği gibi...

b. Resûlullah'ın, Can Düşmanı Safvân bin Ümeyye'ye Verdiği Emana Riayet Etmesi

Mekke'nin en azgın tağutlarından birisi olan Ümeyye bin Halef'in oğlu Safvan, Müslim olmadan önce en şiddetli İslam ve Peygamber düşmanlarındandı. Öylesine düşmandı ki, birçok müşriğin kabilesinin desteğini almadan niyet dahi edemediği *"Resûlullah'a suikast"* fikrine kendi kendine sahip olmuş ve arkadaşı Umeyr bin Vehb aracılığıyla bu fikrini icraata koymuştu. Lakin Allah, elçisini korumuş ve Umeyr bin Vehb'in kalbine İslam'ı yerleştirerek, öldürmeye geldiği Resûlü'nün eliyle ona hidayet nasip etmişti. İşte böylesine azılı bir din düşmanıydı Safvan bin Ümeyye...

"Allah dinini yüceltip Mekke'ye Hakim kılınca, artık Safvan gibi inatçı ve kindar kâfirlerin Beyt-i Haram civarında yaşama imkânı sona ermiş ve mecburen şehri terk etmek durumunda kalmışlardı. Safvan da Mekke'yi terk edip yola koyulanlardandı. Yemen'e gitme düşüncesiyle Cidde'ye kaçmıştı. Onun cahiliyedeki en sadık arkadaşlarından birisi olan Umeyr bin Vehb, Safvan'ın Müslim olmasını çok arzuluyordu. Lakin işlediği cürümlerin buna engel

olduğunu düşünüyor ve bir eman verilirse Resûlullah'a gelerek tevbe edeceğini umuyordu.

Umeyr konuyu Resûlullah'a açtı. Bunun üzerine Resûlullah mübarek sarığını ona verdi ve:

— Bu, Safvan'ın güvende olduğuna işarettir, buyurdu.

Umeyr, Peygamberimizin mübarek sarığını alarak doğru Safvan'ın yanına gitti ve:

— Artık kaçmana gerek yok. Sana güvence verilmiştir, dedi.

Peygamberimizin, düşmanlarına bile verdiği sözden asla caymayacağını bilen Safvan bin Ümeyye, hemen ona doğru yola çıktı. Mübarek huzuruna geldiğinde, emanını teyit ettirmek için:

— Bana güvence verdiniz, değil mi? diye sordu.

Resûlullah da, aradaki tüm düşmanlık, nefret ve kini bir tarafa koyarak:

— Evet, doğrudur. Ben sana güvence verdim, sarığımı da bunun nişanesi kıldım, buyurdu ve önceleri kendisini öldürmeye azmettirmiş olmasına rağmen dokunmayacağına söz verdiği için Safvan'a bir şey yapmadı.

Bu fırsatı değerlendiren Safvan da Müslim oldu ve ömrünün geri kalan kısmında İslam'a ve Müslimlere hayırlı hizmetlerde bulundu." [1]

Bu olay da, düşman bile olsa insanlara verilen söze mutlaka riayet edilmesi gerektiğini ortaya koyan delillerdendir. Sen, seni öldürmek için bin bir türlü entrika çeviren kâfirlere bile verdiğin söze riayet ettiğinde, bu, zamanla onların kalplerini İslam'a ısındıracak ve netice-

---

[1]. *Siretu İbni Hişâm, Safvan bin Ümeyye'ye Eman Bahsi.*

sinde kârla sana dönecektir. İşte bu olay bunun en güzel delillerindendir.

c. Resûlullah'ın, Huzeyfe bin Yeman'ın Müşriklere Verdiği Sözde Durmasını İstemesi

Huzeyfe bin Yeman'ın *(ra)* yaşadığı şu ilginç hâdise de, Resûlullah'ın *(sav)* -müşrik bile olsa- insanlara verdiği söze hakkıyla riayet ettiğinin açık bir göstergesidir. Huzeyfe *(ra)* anlatır:

"Bedir'de bulunmaktan beni engelleyen hiçbir şey yoktu. Şu kadar var ki ben, babam Huseyl[1] ile beraber yola çıkmıştım. Derken Kureyş kâfirleri bizi yakaladılar ve:

— Siz muhakkak Muhammed'in yanına gitmek istiyorsunuz, dediler. Biz:

— Hayır! Onun yanına gitmek istemiyoruz; biz ancak Medine'ye gitme niyetindeyiz, dedik.

Bunun üzerine bizden mutlaka Medine'ye gideceğimize ve onlara karşı savaşmayacağımıza dair Allah adına kesin söz aldılar.

Sonra Resûlullah'a gelerek bu haberi kendisine ilettik. Bunun üzerine O:

— Haydi gidin! Biz onlara verdiğimiz sözü tutacağız. Onları yenebilmek için ise Allah'tan yardım dileriz, buyurdular." [2]

Bu olay da, tüm zorluklara rağmen verilen söze riayetin Efendimizin nazarında ne kadar önemli olduğunu ortaya koyması bakımından çok önemlidir. Efendimiz *(sav)* savaş

---

[1]. Bu şahıs, Huzeyfe'nin babasıdır. Huzeyfe'nin babasının adı Huseyl olduğu hâlde acaba kendisine neden "İbnu'l-Yeman" yani "Yeman'ın oğlu" denmiştir de Huseyl'in oğlu anlamında "İbnu'l-Huseyl" denmemiştir? Böyle denmemesinin sebebi âlimlerimizin belirttiğine göre şudur: "Yeman" kelimesi bu zatın ismi değil, lakabıdır ve bu zat isminden daha ziyade bu lakabıyla meşhur olmuştur. İşte bundan dolayı çocuklarına Huseyl'in çocukları değil, Yeman'ın çocukları denmiştir.

[2]. Müslim

hâlinde bile verdiği veya Müslimler tarafından verildiğini bildiği bir sözden asla caymamış, *"Bunlar nasıl olsa müşriktir ve bizimle savaşmaktadır."* diyerek asla sözünü yememiştir. Bu da düşünen insanlar için çok şeyler anlatmaktadır.

İşte kardeşim, tüm bu anlatılanlar ve anlatamadığımız benzer mahiyetteki nice olaylar, Efendimizin ne kadar hassasiyetle sözünde durduğunun ve –kâfir bile olsalar– insanlara bir ahitte bulunduğunda mutlaka ona riayet ettiğinin delilidir. Onu sevdiğini ve her konuda Onun peşinden gittiğini iddia eden biz Müslimlerin de bu ahlakla ahlaklanması ve insanlara verdiğimiz sözde titizlikle durarak Onun örnekliğini yirmi birinci yüzyıla taşıması gerekmektedir.

Bir tacir olarak senin buna diğer Müslimlerden daha fazla riayet etmen gerekir; çünkü sen yaptığın iş ile toplumun nabzını tutmakta ve biz muvahhidleri temsil etmektesin. İnsanlar seninle ve senin ticaretinle bizleri değerlendirmekte, ahlakına bakarak hakkımızda hüküm vermektedirler. Bu nedenle normal Müslimler bir dikkat ediyorsa, sen bin dikkat etmelisin ki, temsiliyetinin hakkını verebilesin.

❊ ❊ ❊

"Sözde durma meselesi" hayatın her alanı için gerçekten çok önemli bir meseledir. Bugün insanların gerek ticaretlerinde, gerek sosyal hayatlarında, gerekse İslami çalışmalarında istenilen seviyede ilerleyememelerinin veya bu alanlarda bereket elde edememelerinin en büyük sebeplerinden birisi, hiç şüphesiz ki bu üstün ahlak ilkesine gereği gibi riayet edememeleridir.

Sözde durmanın önemi ticarette daha çok açığa çıkar. Çünkü ticaret, toplumun nabzıdır. Her insanın az veya çok mutlaka uğraştığı ya da muhatap kaldığı bir durumdur.

Bu nedenle ticarette söz verip bu söze riayet etmek çok önemlidir.

Sen Müslim bir tacir olarak bir malı alacağında, satacağında veya parasını ödeyeceğinde mutlaka verdiğin söze riayet etmeye çalış. Bir lahza olsun sözünü geciktirme. Zarar edeceğini bilsen bile ahdini yeme. Unutma ki bu sana dünyada olmasa da ahirette mutlaka kazandıracaktır. Ki dünyada kazandıracağı da şer'i nasların delaleti ve tecrübe ile sabittir.

Ve yine sen, eğer *"Şu saatte geleceğim."* dediysen bir dakika bile geciktirmeden o saatte gelmeye bak. Şayet gecikmekten korkuyorsan o zaman asla net dakika sözü verme. *"Şu dakika ile şu dakika arası gelebilirim."* diyerek birazcık toleranslı söz ver. Bu, hem senin için hem de karşı taraf için en hayırlı olanıdır. Bilindiği üzere bazı şehirlerdeki trafiğin veya hayatın yoğunluğu insanların zamanını almaktadır. Şu saatte yaparım dediğin bir şeyi, trafikteki veya hayat içerisindeki bir aksilik nedeniyle yapmakta zorlanmakta ve kimi zaman da sözünde duramamaktasın. Bu nedenle söz vermede birazcık toleranslı ol ki, mahcup olup yalancı çıkmayasın.

Ticaretle uğraşan kardeşlerimizin bazılarının –maalesef ve maalesef– sözlerine riayette problemi var. Bu, kabul etsek de etmesek de böyle. Müslim tacirler *"nasıl olsa arkadaşız"* diyerek özellikle tanıdıklarına verdikleri sözü yemektedir. Oysa verilen söz tanıdık da olsak, arkadaş da olsak, kardeş de olsak muhakkak sorumluluğu gerektirir ve Allah katında hesaba çekilecektir. *"Siz arkadaştınız."* denilerek bir kayırma yapılmayacak, adaletin gereği neyse onunla muamelede bulunulacaktır. Bu nedenle yakınlarına verdiğin sözlere riayette sakın ha gevşek davranma!

Ahir zamanda yaşadığımız için bu dönemde vakitler birbirine ulanmış durumdadır. Zamanın bereketi neredeyse yok gibidir. Bu nedenle özellikle bazı sektörlerdeki işler birbirine çok sıkışmakta, bu alanlarda iş yapan kardeşlerimiz aldıkları fazla işler ve vaktin buna el vermemesi gibi nedenlerle hep mahcup olacak bir pozisyona düşmektedirler. Mesela, telefon tamiri sektörü buna örnek verilebilir. Dükkân sahibi kimse, yaşadığımız kapitalist ticari baskı gereği olsa gerek gelen her müşterinin telefonunu alma zorunluluğu hissetmekte ve müşteri kaçıp başka dükkâna gitmesin diye de tamir süresini kısa bir vadeye sıkıştırmaktadır. Örneğin, iki günde teslim edebileceği bir işi, bir günde hallolur diyerek kabul etmektedir. Bu da hem iş sahibi hem de müşteri açısından ciddi sıkıntılara kapı aralamaktadır. İş sahibi yalancı ve sözünde durmayan bir adam konumuna düşmekte iken, müşteri de nasıl olsa bir günde işim olacak ümidiyle işlerini ona göre ayarladığı için hayal kırıklığına uğramaktadır. Bu şekilde her iki taraf da zarar görmektedir. Müşterinin zora düşmesini bir tarafa koyalım; bir tacirin yalancı ve sözünde durmayan bir adam pozisyonuna düşmesi, azıcık iman ve hayâ duygusu olan bir kimse için kabul edilebilecek bir husus değildir. İşte bu nedenle sen ey tacir kardeşim, ancak ve ancak yapabileceğin kadar iş al ve aldığın işleri mutlaka zamanında teslim etmeye gayret et. Bu durumda göreceksin ki bu senin için her yönüyle müthiş bir bereket getirecektir.

Bir nebze de olsa dikkat çektiğimiz bu noktalar senin kimliğin, duruşun, ticaretin ve kulluğun için çok önemli şeyler. Basit gibi gözükse de dağlar kadar öneme haiz işler. Herkes böyle yapıyor, piyasa böyle işliyor diye sen insanlarla aynı hataya ortak olamazsın. Çünkü sen farklısın. Sen, ticaretin kulluğa nasıl dönüştürüleceğini ve davetin fiilî olarak nasıl yapılacağını ümmete gösterecek eşsiz bir numunesin. Sen Müslim bir tacirsin! Bu nedenle sözünde durmayı önemse ve bunun hem ticaretine hem de davetine müthiş bir katkı sağlayacağını aklından çıkarma.

Allah, Sözünde Duranların Kefili ve Yardımcısıdır

Sözde durmanın önemini ve bu hususta hassas olanlara Allah'ın yardımının nasıl geldiğini ortaya koyan şu kıssa, gerçekten çok ibretliktir ve üzerinde gereği gibi tefekkür eden insanlar için anlam yüklüdür. Bu kıssayı bizlere Resûlullah (sav) anlatmaktadır. Olay, bizden önce yaşayan İsrailoğulları arasında cereyan etmiş ve içerisinde çok derin mesajlar olduğu için Efendimiz tarafından bizlere anlatılmıştır. Efendimizin anlatımıyla olay şöyledir:

"İsrailoğullarından bir adam vardı. Bu adam, İsrailoğullarından başka birisinden bin dinar borç para istedi. Borç talep ettiği o kimse ona:

— Bana şahitlerini getir ki, (parayı onların huzurunda vererek) onları şahit tutayım, dedi. Borç isteyen ise:

— Şahit olarak Allah yeter, dedi. Öbürü:

— Öyleyse bana kefil getir, dedi. Borç isteyen bu defa da:

— Kefil olarak da Allah yeter, dedi. Borç verecek kişi:

— Doğru söyledin, dedikten sonra belli bir vade ile bin dinarı ona verdi.

Adam deniz yolculuğuna çıktı ve ihtiyacını gördü. Sonra borcunu vadesi içinde ödemek maksadıyla geri dönmek üzere bir gemi aradı ama bulamadı. Bunun üzerine bir odun parçası alıp içini oydu. Bin dinarı sahibine hitabeden bir mektupla birlikte oyuğa yerleştirdi. Sonra oyuğun ağzını kapayıp düzledi. Sonra da denize getirip:

— Ey Allah'ım, biliyorsun ki ben falandan bin dinar borç almıştım. Benden kefil istediğinde ben 'Kefil olarak Allah yeter.' demiştim. O da kefil olarak Sana razı olmuştu. Şahit istediğinde de ben 'Şahit olarak Allah yeter.' demiştim. O şahit olarak yine Sana razı olmuştu. Ben ise şimdi bir gemi bulmak için gayret ettim; ama bulamadım. El an onu sana

emanet ediyorum, dedi ve odun parçasını denize attı ve odun denize düştü.

Sonra oradan ayrılıp, kendisini memleketine götürecek bir gemi aramaya başladı.

Borç veren kimse de, parasını getirecek gemiyi beklemeye başladı. Gemi yoktu; ama kıyıya vurmuş bir odun parçası buldu. Onu ailesine odun yapmak üzere aldı. Onu parçalayınca parayı ve mektubu buldu.

Bir müddet sonra borç alan kimse geldi. Bin dinarla adama uğradı ve (özür beyan edercesine):

— Malını getirmek için aralıksız gemi aradım. Ancak beni getiren gemiden daha önce buraya gelen bir gemi bulamadım, dedi. Alacaklı:

— Sen bana bir şeyler göndermiş miydin? diye sordu. Öbürü:

— Ben sana, daha önce bir gemi bulamadığımı söyledim, dedi. Alacaklı:

— Allah, senin odun parçası içerisinde gönderdiğin parayı (bize ulaştırmak suretiyle) borcunu ödedi. Haydi, bin dinarına kavuşmuş olarak geri dön, dedi." [1]

Bu kıssanın Efendimiz (as) tarafından bize anlatılmasının elbette ki birçok sebebi vardır ama belki en önemli sebebi, söz verildiğinde riayet etme azminde olunduğu sürece Allah'ın kuluna mutlaka yardım edeceği gerçeğini gönüllere nakşetmektir. Sen sözünde durmaya halisane bir şekilde niyet et, Allah işinin zorluklarını bertaraf edecek ve *"Bittim ya Rabb!"* dediğin yerde imdadına yetişecektir. İşte hadis, ana mesaj olarak bunu vermektedir. Bu noktayı dikkatle değerlendirmek gerekir.

---

1. *Buhari*

Sözde Durmamak Alamet-i Nifaktır

Burada son olarak bir konuya daha temas edip konumuzu noktalandırmak istiyoruz. Bundan önceki konularda da bu noktaya işaret etmiştik; lakin önemine binaen burada tekrar etmek ve bu mühim konuyu mümin zihinlerde sürekli canlı tutmak istiyoruz. Ebu Hureyre'den *(ra)* rivayet edildiğine göre Resûlullah *(sav)* şöyle buyurmuştur:

"Münafığın alameti üçtür:

1. Konuşunca yalan söyler,

2. Söz verince sözünde durmaz,

3. Hıyanet eder." [1]

Bu hadisin bir benzeri şu rivayettir:

"Dört şey vardır ki, bunlar kimde bulunursa halis münafık olur. Kimde de bunlardan bir vasıf bulunursa, onu bırakıncaya kadar kendisinde münafıklıktan bir haslet olmuş olur. Bunlar şunlardır:

1. Kendisine bir şey emanet edildiği zaman hıyanet etmek,

2. Söz söylerken yalan söylemek,

3. Ahdettiğinde, söz verdiğinde sözünü tutmamak,

4. Husumet zamanında haktan ayrılmaktır." [2]

Bu iki hadis, her Müslim'in dilinden düşürmediği hadislerdendir ama işin hakikatine bakılacak olsa, bunlar bir müminin içini ürpertmesi gereken, korku ve dehşet verici hadislerdendir. Naklederken veya okurken bile Müslim'in kalbi tir tir titremelidir.

Neden mi?

Çünkü nifak, küfürden ve şirkten daha beter bir hasta-

---
1. *Buhari ve Müslim.*
2. *Buhari ve Müslim.*

lıktır, bu nedenle kişiyi cehennemin en alt tabakalarında azaba duçar eder. Rabbimiz şöyle buyurur:

"Şüphesiz ki münafıklar, ateşin en alt tabakasındadırlar. Sen onlar için bir yardımcı da bulamazsın." [1]

Böylesine tehlikeli olmasına rağmen, üzülerek belirtmeliyiz ki bu konunun tehlikesi Müslimler arasında gereğince kavranmış değildir. Birçok Müslimde bu hasletlerden bazısını görüyor olmamız, işin korkutucu boyutlarını gözler önüne sermektedir.

Bugün Müslimler şirk denilince doğu ile batı kadar aralarına mesafe koyuyor ve alabildiğine ondan sakınıyorlar; ama iş nifaka gelince, sanki olsa da olur olmasa da olur tarzında bir yaklaşım sergiliyor ve ona karşı gereken hassasiyeti göstermiyorlar. Siz de şahit olmuşsunuzdur; Müslimler arasında maalesef gözüne baka baka yalan söyleyen kimseler var. Kasten sözünde durmayanlar var. Ellerine üç kuruş para teslim edildiğinde izinsizce onu yiyen veya bir Müslim'in mahrem bilgisi kendisine sır olarak emanet verildiğinde utanmadan onu ifşa eden, yani hıyanet edenler var. Yine kendi fikrine, cemaatine, kişiliğine veya şahsi birtakım hasletlerine bir itiraz yapıldığında hasımlaşan ve bu hasımlaşmasında haddi aşarak işi tekfire kadar götüren yahut karşı tarafa şirk ehline bile reva görülmeyecek vasıfları yakıştıranlar var. İşte tüm bu vasıflar, aslında münafıkların vasıfları olduğu hâlde maalesef ki kendisini tevhide nispet eden insanlar arasında yaygınlaşmış durumda.

Şunun altını kalın çizgilerle çizmemiz gerekir ki, nifak bu ümmet içerisinde şirkten daha sinsidir ve -Allah'ın koruması müstesna- gereken hassasiyet gösterilmediğinde şirkten daha kolay bulaşıcıdır. Bu nedenle Müslimlerin bu konuya ciddiyetle eğilmeleri, nifakın temel vasıflarından

---
1. 4/Nisa, 145

kendilerini karantinaya alarak bu necasetten korunmaları gerekmektedir. Aksi hâlde kendilerini tevhidin yılmaz bekçileri zannettikleri hâlde, öldüklerinde bir anda İbni Selul'le aynı yerde komşuluk yapmaya mahkûm olabilirler!

Değerli tacir kardeşim, birkaç başlıktır izah ettiğimiz dürüstlük, doğru sözlülük ve sözde durma meselelerinde işin aslı lafı biraz uzattık; bunun farkındayız. Ama hemen şunu belirtelim ki, bu konular bizim için çok, ama çok önemlidir. Hayati öneme sahip. Bu nedenle asla basite alınmamalı, ihmal edilmemelidir. Bilakis önemsenmelidir. Bu başlıklar belki birkaç paragrafla izah edilebilirdi veya işaret edilerek geçilebilirdi; lakin biz bilinçli bir şekilde sözü uzattık ki, kardeşlerimiz meselenin önemini kavrasınlar ve bu konuların üzerine azami derecede eğilerek bu güzel vasıflarla muttasıf olmanın yollarına baksınlar.

Rabbim bizleri ve sizleri bu güzel vasıflarla muttasıf olan kullarından eylediği gibi, onlara ters düşen kötü hasletlerden de muhafaza buyursun. Bizleri razı olduğu kullar zümresine dâhil etsin (Âmin).

17. Borçlarını ve Alacaklarını Mutlaka Yaz

Borçların yazılması, kayıt altına alınması ve şahitlendirilmesi Allah (cc) nazarında oldukça önemli bir meseledir. Bu nedenledir ki Allah, Kur'ân'daki en uzun ayetini bu konuya ayırmış ve meselenin Müslimler tarafından iyi kavranması için çok kesin bir dille borçların yazılmasını istemiştir. Şu ayet bunun delilidir, ki bu ayeti dura dura, düşüne düşüne, gerekirse altını çize çize okumanızı rica ediyoruz. Rabbimiz şöyle buyurur:

"Ey iman edenler! Belli bir süre için birbirinize borçlandığınız zaman onu yazın. Aranızdan bir yazıcı adaletle yazsın. Yazıcı, Allah'ın ona öğrettiği şekilde yazmaktan geri durmasın. Borçlanan kimse borcu yazdırsın, Rabbi olan Allah'tan korksun ve (borçtan) hiçbir şey eksilt-

mesin. Şayet borçlanan, zayıf akıllı, (bedenen) zayıf ya da yazdırmaya güç yetiremeyen biriyse velisi adaletle yazdırsın. Erkeklerinizden iki şahit tutun. Şayet iki erkek bulamazsanız razı olduğunuz şahitlerden bir erkek ve iki kadını şahit tutun. (İki kadının bir erkek yerine geçmesinin hikmeti) biri unuttuğunda diğeri ona hatırlatsın diyedir. Şahitler şahitlik için çağırıldıklarında geri durmasınlar. Küçük olsun büyük olsun (borçlarınızı) yazmakta gevşeklik göstermeyin. (Her türlü borcu kayıt altına almanız) Allah katında şahitliğin en adili, en güçlüsü ve şüpheye düşmemeniz için en uygun olanıdır. Aranızda döndürdüğünüz (pazar, esnaflık, seyyar satıcılık gibi) sürekli olan (peşin) ticaretlerinizi yazmamanızda size bir günah yoktur. Alışveriş yaptığınızda şahit tutun. Ne yazıcı ne de şahit zarar görsün. Şayet (şahitlik ve yazıcılıktan ötürü bu insanlara zarar verirseniz) bu sizin için fısk/günah olur. Allah'tan korkup sakının. Allah size öğretiyor. Allah, her şeyi bilendir." [1]

Eğer borçları yazmak Allah katında çok önem arz etmeseydi, Allah onu yazmamızı bize emretmez ve en uzun ayetini bu konu hakkında indirmezdi; aksine bunun iyi bir iş olduğuna vurgu yapar ve birkaç kelimeyle ehemmiyetine dikkat çekerek kullarına nasihatini ederdi. Ama emir siygasıyla ifade edecek kadar kesin bir üslup kullanmış ve *"Yazın!"* buyurarak tüm iman ehline ferman çıkarmışsa, o zaman burada durur, düşünür ve anlarız ki bu konu öyle basite alınacak bir konu değildir. Bildiğimiz, bilmediğimiz birçok hayrı vardır.

Bugün borçların yazılmamasından kaynaklanan birçok ihtilafa ve anlaşmazlığa şahit oluyoruz. Kardeşler arasında bile bu konuda oldukça fazla anlaşmazlık çıkıyor. Borçlar zapturapt altına alınmadığında birisinin *"ak"* dediğine öbürü *"kara"* diyor; ötekinin *"üç"* dediğine beriki *"beş"*

---

1. 2/Bakara, 282

diyor. İki tarafın da yalan söylemesine ihtimal vermediğiniz için kime inanacağınızı bilemiyor ve şaşırıp kalıyorsunuz. Bunun en büyük nedeni aradaki ticaretin kayıt altına alınmamasıdır.

Ama şunu da ifade edelim ki, her anlaşmazlıkta ille de birileri yalan söyleyecek diye bir kural yok. Bazen insanlar yanlış hatırladıklarından, bazen de unuttuklarından dolayı anlaşmazlığa düşebiliyorlar. Bu nedenle şartlar ve durumlar ne olursa olsun, karşı taraftaki insanlar kim olursa olsun, Rabbimizin emrine ittibaen borçlarımızı yazmalı ve bu şekilde anlaşmazlıklarımızın önüne sağlam bir set çekmeliyiz.

Borçları Yazmanın Hükmü

Borçları yazma ve kayıt altına alma meselesinin hükmü hakkında selef âlimlerimizden bugüne bir ihtilaf söz konusudur.

Ebu Musa El-Eşari, İbni Ömer, İmam Dahhak, Said bin Müseyyeb, İmam Ata ve İmam Taberi ayetin emir kipi ile gelmesini ve bazı yan delilleri esas alarak borçları yazmanın ve borcu şahitlendirmenin kati sûrette farz olduğunu söylemiş ve buna muhalefet edenlerin günaha gireceğini belirtmişlerdir.

Dört mezheb başta olmak üzere diğer âlimlerimiz ise, bu emrin farziyet ifade eden bir emir olmadığını, aksine ayetteki buyruğun tavsiye niteliği taşıdığını öne sürerek borçları yazmanın farz olmayacağı sonucuna ulaşmışlardır.

Gerek eski, gerekse çağdaş ilim ehlinin geneli, cumhurun görüşünün tercihe daha şayan olduğunu belirtmiş ve borçları yazmanın farz olmadığını, dolayısıyla borçları kayıt altına almayanların günaha girmeyeceğini söylemişlerdir. Bu konuda kimin haklı ve görüşünün daha doğru olduğunu tespit etmenin yeri burası değildir. Ama biz burada meselenin amelî olarak hayata taşınabilmesi adına özellikle birkaç hususa dikkat çekmek istiyoruz ki, bunlar bizce çok önem arz etmekte ve kardeşlerimiz tarafından üzerinde hassasiyetle durulması gerekmektedir.

Dikkat çekmek istediğimiz konulardan **birincisi** şudur: Müslim bir kul, fıkhını belirlerken şüphelerden kaçınmayı kendisine esas alarak bir yol takip etmeli ve bu şekilde dinini koruma altında tutmalıdır. Bu konuda âlimlerden bir kısmı delilleri farklı yorumlamaları sonucu borçları yazmak farz, terk etmek ise *"haram"*dır derken; diğer bir kısmı buna *"caiz"*dir diyor. Bu durumda Müslim'in *"Ya haramdır diyen âlimlerin görüşü doğruysa?"* diyerek ihtiyatı esas alması ve farziyetine inanmasa bile şüpheden kaçınıp borçlarını kayıt altında tutması dininin selameti açısından en evla olanıdır.

İkincisi ise şudur: Bizler, Allah'ın hükümlerine yaklaşırken onları –hükmün tespiti açısından– farz, vacip, haram, mekruh gibi kısımlara ayırabiliriz. Böyle de yapmamız gerekir. Lakin kulluğumuzu icra etmek ve Allah'a daha çok yaklaşabilmek için Allah'ın ahkâmını *"Rabbim bu işten razı mı, değil mi?"* diye bir ayrıma tabi tutmamız daha isabetli olacaktır.

Bu tutum, sahabenin de riayet ettiği bir husustur. Onlar Resûlullah'ı gözlemliyorlar ve bir şeyi yapıyorsa, hükmünün Sünnet olup olmadığına bakmaksızın onunla amel etmeye çalışıyorlardı. Birileri itiraz ettiğinde ise *"Biz Resûlullah'ı böyle yaparken gördük."* diyerek meselenin ittiba boyutuna dikkat çekiyor ve tartışmayı temelinden hallediyorlardı. İşte buna binaen biz de diyoruz ki: Borçları yazmak farzdır desek ne olur, menduptur desek ne olur? Sonuçta bu, Allah'ın kitabında bize emrettiği bir husus değil mi? Eğer Allah bunu bize emretmişse, iş bitmiştir ve bizim mutlaka bu emre ittiba etmemiz gerekmektedir. Rabbimiz şayet bir hayır görmeseydi, bunu bize emretmezdi. Eğer emretmiş ve *"yazın"* diye ferman buyurmuşsa bu, dünya ve ahiret açısından bizler için mutlaka en hayırlı olanıdır.

Üçüncü de şudur: Malum olduğu üzere ihanetin, aldatmanın ve kandırmanın zirve yaptığı bir çağda yaşıyoruz. Bu çağın insanları, maalesef ki ticaretlerinde ve sosyal hayatın diğer alanında Allah'ı dikkate alarak bir hayat sürdürmüyorlar. Tek dertleri para kazanmak, en büyük gayeleri ceplerini doldurmak! Bu paranın nasıl geldiği, hangi yollarla elde edildiği onlar için çok da önem arz etmiyor. Onlar için önemli olan paranın cebe girmesi... İşte böylesi bir atmosferde yaşadığımız için Müslimler olarak bizlerin çok hassas olması gerekmektedir. Muamelede bulunduğumuz insanların her daim bizi kandırabilecek veya aldatabilecek bir potansiyele sahip olduğunu bir an olsun aklımızdan çıkarmamalıyız. Bu nedenle işlerimizi sağlama almalı, muamelelerimizi yazı ve şahit yoluyla destekleyerek güvenli bir zemine oturtmalıyız.

İşte biz borçların kayıt altına alınma meselesine bu zaviyeden bakarsak, daha isabetli davranmış ve doğruya daha yakın bir görüş ortaya koymuş oluruz. Bununla birlikte sırf yazışmaların terk edilmesi sebebiyle ihtilafların arttığı, anlaşmazlıkların çoğaldığı, fitne ve kargaşaların, aldatma ve kandırmaların ayyuka çıktığı şu dönemde bu meseleyi farz olarak değerlendiren âlimlerin görüşlerini yabana atmamak gerekir. Müslimleri bu konuya alıştırabilmek ve bu hassasiyeti kendilerine kazandırabilmek için bu dönemde borçları yazmanın farz olduğunu söylemek, zannımızca hatalı bir yaklaşım olmayacaktır.

Borçların kayıt altına alınmasına ilişkin Şeyh Hüsameddin el-Affâne'nin çok hoş ve güzel değerlendirmeleri var. Bu güzel değerlendirmeleri siz kardeşlerimizle paylaşmak istiyoruz. Şeyh, Kur'ân ve sünnette borçların yazılmasını öngören delilleri zikrettikten sonra der ki:

"Bu delillere binaen âlimlerin cumhuru, borcu yazmanın ve bir vesika ile onu kayıt altına almanın mendub olduğu söylemiştir. Âlimlerimizden bazıları ise, ayetin zahirini esas alarak bunun farz olduğuna kail olmuşlardır. Bu görüş (yani borçları yazmanın farz olduğunu söyleyen görüş) dikkate alınması gereken kıymetli ve doğru bir görüştür. Başkalarının haklarını batıl yollarla yemeyi engellemek, çekişme ve ihtilaf kapılarını kapatmak ve borçların belgelendirilmemesi ve yazılmaması nedeniyle toplumumuzda gördüğümüz tartışma, ayrılık ve hilaflara son vermek için şu zamanda insanları özellikle bu görüşe yönlendirmek gerekir.

Kiraya verenle kiracı arasında, sırf kira sözleşmesi yapmamaları nedeniyle nice ihtilaflar yaşanmaktadır. Bir meseledeki anlaşmazlıklarından dolayı ortaklar arasında nice düşmanlıklar vuku bulmaktadır. Bunun da sebebi ortaklık akdini yazmamalarıdır. Belgelendirilmeyen diğer muamelelerde de benzeri şeyler söz konusudur. İşte bundan dolayı herhangi bir akit gerçekleştiren taraflara, az olsun çok olsun sözleşmenin tüm şart ve detaylarını yazmalarını tavsiye ediyorum. Rabbimiz şöyle buyurur: **'Küçük olsun büyük olsun (borçlarınızı) yazmakta gevşeklik göstermeyin.'** [1] "

Şeyh sözlerine şöyle devam eder:

"Yazılmayan ve şahitlendirilmeyen muamelelere birçok zarar terettüp etmektedir. Bunlardan bir tanesi borç alıp veren taraflardan birisinin **güvenilir olmayışı** nedeniyle belirli bir süre sonra kasten gerçek dışı iddialarda bulunabilmesidir. Bu zararlardan bir tanesi de **unutma ve hatadan** kaynaklanmaktadır. Alışveriş yapan taraflar şüpheye düşüp ihtilaf ettiğinde, şüpheyi ortadan kaldıracak ve anlaşmazlığı bitirecek bir yazı ve şahid olmadığı için, iki taraftan her biri diğeri hakkında suizanna kapılmakta ve

---
1. 2/Bakara, 282.

bu durumda kendi görüşünü terk ederek hasmının fikrine dönmesi zorlaşmaktadır. Bu da düşmanlığı ve hasımlığı körüklemektedir. Bunun ardından tartışmanın getirdiği ve her iki tarafı da zora sokacak öyle şer işler olmaktadır ki, bazen tarafları (daha başka) birçok haramı işlemeye bile sevk edebilmektedir.

Borcu yazmanın ve onu belgelendirmenin insanlara getirdiği birçok da fayda vardır. Bunlardan bazıları şunlardır:

1. Malların Korunması: *Hiç şüphe yok ki bizlere mallarımızı korumak emredildiği gibi onları zayi etmek de yasak kılınmıştır.*

2. Çekişmelerin Bitmesi: *Gerçek şu ki belge, herhangi bir muamelede bulunan taraflar için ihtilaf anında kendisine müracaat edecekleri bir hakem hükmündedir. Kimi zaman fitnenin dinmesine sebep olur. Belgenin açığa çıkarak insanlar arasında durumunun belli olması korkusuyla taraflardan birisi, diğerinin hakkını inkâr edemez.*

3. Yanlış Alım Satımdan Korunma: *Kimi yanlış alım satım yapan kimseler, alım satımı belgelediklerinde akdi fesada uğratacak sebeplere yol bulamazlar. (Noter gibi) belgeyi yazıya döken kimse, onları bu belgeye döndürerek kendilerini doğruya yönlendirir.*

4. Şüphelerin Ortadan Kaldırılması: *Herhangi bir muamelede bulunan kimselere bazen zamanın uzaması nedeniyle malın miktarı ve sürenin ne kadar olduğu karışık gelebilir. Ancak belgeye müracaat ettiklerinde iki taraf için de ortada herhangi bir şüphe kalmaz."* [1]

Şeyh Hüsameddin El-Affâne'nin bu sözlerinden, özellikle şu dönem için zikrettiği birçok haklı gerekçe itibariyle borçları yazmanın farz olduğu görüşüne meylettiğini söyleyebiliriz. Cumhurun görüşü, belki güvenin ve karşılıklı

---

1. *Fıkhu't-Taciri'l-Müslim, sf. 45 vd.*

emniyetin Hakim olduğu İslam toplumlarında tercih edilerek, fetva o yönde verilebilir. Ancak kardeşler arasında bile güvenin sona erdiği şu günlerde bu görüşü ön plana çıkarmak, bizim de zannımızca en isabetli olanıdır.

Yine de doğruyu en iyi bilen âlemlerin Rabbi olan Allah'tır.

Borçlanmak Caizdir, Asıl Değildir

Kapitalizmin gönüllere nakşedildiği, maddeciliğin zihinlerde yer ettiği şu ahir dönemde tüm değerlerimiz altüst olmuş vaziyettedir. İnsanlar sırf daha çok kazanabilmek için ticaretteki *"caizleri"* sanki *"farzmış"* gibi değerlendirmekte ve hayatlarını bunun üzerine bina etmekteler. İşte bu caizlerden bir tanesi de *"borçlanmak"*tır.

İslam'a göre bir insan borçlanabilir, borç isteyebilir, borçla alışveriş yapabilir; ama bu, asla keyfî olmamalıdır. Keyfî olduğunda, içki ve kumar gibi büyük günahlara bile ön görülmeyen manevi çok ağır bir ceza ile karşı karşıya kalınabilmesi söz konusudur. Bu ceza, Resûlullah tarafından cenazesinin kılınmaması cezasıdır. Acaba hangi Müslim böyle bir ceza ile karşı karşıya kalmak ister ki? Biraz sonra bununla alakalı birkaç cümle söyleyerek tehlikesine dikkat çekmeye çalışacağız; ama öncesinde borçlanmanın caizliğine değinmemiz gerekmektedir.

İslam'da borçlanmak caizdir. Bunun caiz oluşu, konunun başında zikrettiğimiz Bakara Suresi 282. ayetle sabittir. Rabbimiz o ayetin başında şöyle buyurmaktadır:

"Ey iman edenler! Belli bir süre için birbirinize borçlandığınız zaman onu yazın..."

Demek ki bizler birbirimize karşı borçlanabilir, karşılıklı olarak borç alıp verebilirmişiz. Bu, bizzat Rabbimiz'in ayetiyle bize caiz kılınmış işlerdendir. Lakin burada bilinmesi gereken şudur: İslam'da asıl olan alışverişleri peşin yapmak ve *"al gülüm ver gülüm"* esası üzere ticareti çevirmektir. Şayet buna imkân bulamaz ve ihtiyaç durumuna düşersek o zaman borçlanmamız ve insanlardan borç istememiz caizdir.

Mesele bu kadar net ve berrak olduğu hâlde, gelin görün ki yaşadığımız şu dönemde işler tamamen tersine dönmüş ve gönüllerimizde asıl olan sanki borçlanmakmış gibi bir fikir Hakim olmuştur.

Subhanallah!

Kime gidersek gidelim herkes borçlu! Âliminden cahiline, takvalısından facirine kadar herkes borç bataklığına gömülmüş durumda! Ve maalesef ki bu konudaki gevşeklikleri yüzünden insanlar nazarında da itibarlarını kaybetmişler. Artık insanlar, Müslimlere bile güvenemez olmuşlar. Oysa *"Müslim"* demek, her şeyiyle insanlara güven veren ve insanları kendi elinden ve dilinden selamette kılan kimse demektir.

Peki, vakıa böyle mi cereyan ediyor?

El-cevap: Maalesef!

İnsanlar, artık Müslimlere bile güvenemiyor, onların bile sözlerini tutmadıklarına, borçlarına sadık olmadıklarına inanıyorlar. Kardeşlerim, inanın bu bizler için bir züldür ve gerçekten de çok acı bir durumdur. Biz her şeyimizi kaybetsek de asla güven ve eminliğimizi kaybetmemeliydik. İnsanlar her şeyimizi eleştirebilse de asla dürüstlüğümüze laf edememeliydi. Çünkü biz mümin idik. Yani imanımızdan dolayı insanlara eminliği götüren, ameliyle de onlara emin olmanın nasıl pratize edileceğini gösteren insanlardık. Ama biz bunu hakkıyla başaramadık.

Normal insanların Müslimler hakkındaki bu kanaatini belki bazılarımız önemsemeyebilir veya bunu abartı olarak değerlendirebilir. Ama buna bizzat Müslimlerin kendileri de şahitlik ediyorsa, yani kardeşlerimizin borçlarına sadık olmadıklarını bizzat onların akide kardeşi olan muvahhidler de söylüyorlarsa, işte orada durup düşünmek ve derin bir muhasebe yapmak gerekir. Elbette bütün kardeşlerimiz böyle değil; içlerinde çok temiz ve gerek ahdine gerekse borcuna çok sadık olanlar var. Onları tenzih ediyor ve sayılarını artırması için Allah'a dua ediyoruz. Ama bir tanemiz bile bu kötü vasfa sahipse, onun verdiği zarar hepimizi etkiliyor, sıkıntısı pak davamıza leke getiriyor. Bu nedenle borçlarımızı vaktinde ödemeye ve sözlerimizi yerine getirmeye gayret etmeli, şartlar ne olursa olsun *"şu gün"* demişsek mutlaka ona riayet etmeliyiz.

Şimdi, biraz önce dikkat çektiğimiz meseleye, yani borçlarını ödemeyenlerin nasıl manevi bir ceza ile cezalandırılacaklarına değinebiliriz...

Sahih delillerin haber verdiğine göre, borçlarını kasten ihmal edenlere, Asr-ı Saadet'te içkicilere bile ön görülmeyen çok ağır manevi bir ceza verilmiştir. Bu ceza, âlemlere rahmet olan Efendimiz (sav) tarafından cenaze namazlarının kılınmama cezasıdır. Resûlullah; zina etmiş, içki içmiş ve büyük günahlara bulaşmış Müslimlerin cenazelerini kıldığı/kıldırdığı hâlde, borçlu olan Müslimlerin cenazesini kılmamış ve bu eylemiyle kul hakkına riayet etmekte titizlik göstermeyenlere dünyadaki en büyük manevi cezalardan birisini vermiştir.

Seleme bin Ekvâ (ra) anlatır:

"Nebi'nin yanında oturuyorduk. Derken bir cenaze getirildi. Oradakiler:

— Ya Resûlullah, onun namazını kıldır, dediler. Nebi:

— Bunun borcu var mı? diye sordu. Sahabiler:

— Hayır, dediler.

— Peki, geriye bir şey bıraktı mı? diye sual buyurdu.

Sahabiler yine:

— Hayır, dediler.

Bunun üzerine Nebi onun namazını kıldırdı. Daha sonra başka bir cenaze getirildi. Oradakiler yine:

— Ey Allah'ın Resûlü, bunun namazını kıldır, dediler. Nebi:

— Borcu var mı? diye sordu.

— Evet, denildi. Bunun üzerine:

— Peki, geriye bir şey bıraktı mı? diye sual buyurdu. Sahabiler:

— Üç dinar bıraktı, dediler.

Bu cevap üzerine Nebi onun da namazını kıldırdı. Sonra üçüncü bir cenaze getirildi:

— Ey Allah'ın Resûlü, bunun da namazını kıldır, dediler. Nebi, tıpkı öbürlerinde sorduğu gibi:

— Geriye bir şey bıraktı mı? diye sordu. Sahabiler:

— Hayır, dediler.

— Peki, borcu var mı? diye sual buyurdu.

— Üç dinar borcu var, dediler. Bunun üzerine Nebi:

— Arkadaşınızın namazını siz kılınız, buyurdu. Ebu Katade kalkıp:

— Ey Allah'ın Resûlü, sen namazını kıldır, onun borcunu ben üstleniyorum, dedi.

Bu cevabı alınca Nebi de namazını kıldırdı." [1]

İşin aslına bakılırsa borçlu ölmek, şer'i açıdan bir Müslim'in cenaze namazının kılınmasına mani değildir. Bir Müslim borçlu dahi olsa, diğer Müslimler tarafından cenazesi

---

1. *Buhari*

kıldırılır. Ama Efendimizin buradaki uygulamasında ince bir mesaj vardır. Önemli olan bu mesajı kavrayabilmek ve diğer günahlara bulaşanların namazları kılındığı hâlde borca bulaşanların neden namazlarının kılınmadığını iyi idrak edebilmektir. Müslimlerin bu noktada kafa yormaları ve *"Acaba şurada Resûlullah (sav) olsa, bizim namazımızı kılar mıydı?"* diye sorarak iyiden iyiye bir iç muhasebe yapmaları gerekmektedir.

Kanaatimizce Resûlullah'ın (sav) Medine'nin ilk dönemlerinde borçluların cenazelerini kılmamaya yönelik yaptığı bu uygulaması, insanları bu kötü ahlaktan arındırmak ve konu hakkındaki gevşek davranmalarının önüne geçmek içindi. Bu noktada Müslimlerin gönüllerine bu işin ne kadar ciddi bir mesele olduğunu nakşettiğinde, mezkûr uygulamasından vazgeçti ve borcu olduğu hâlde vefat edenlerin borçlarını üstlenerek her Müslim'in cenazesini kıldırdı.

Bu uygulamalardan bizim şu gerçeği zihinlerimize kazımamız gerekmektedir: Borç ile Allah'ın huzuruna gitmek tehlikelidir. Peygamberimizin cenaze kılmaktan imtina etmesine vesile olacak kadar ciddi bir meseledir. Ve içerisinde kul hakkı söz konusu olduğu için helallik dilemeye taalluk eden bir durumdur. Eğer borçlu kimsenin alacaklısı hakkını helal etmez veya bir vesileyle hakkı ödeştirilmezse, hakkı ödenene dek o kişi cennete giremeyecektir. Hatta Allah yolunda kanını bile akıtmış olsa, bu böyledir. İşte bundan dolayı mesele çok ciddi ve tehlikelidir.

Bu nedenle borca giren bir Müslim, bu ve bu manadaki korkutucu hükümleri zihninden çıkarmamalı ve bir an önce borcundan kurtulmanın yollarına bakmalıdır. Aksi hâlde Asr-ı Saadet ortamında cenazesi kılınmayan insanlar güruhuna dâhil olur ki, bu onun için büyük bir hüsrandır. Meseleye bu zaviyeden bakınca, borç bataklıklarında yaşayan ahir zamanın şu Müslimleri için şunu demekten kendimizi alamıyoruz: Bu insanlar şayet Asr-ı Saadet'te yaşasalardı, içlerinde cenazeleri kılınmayacak ne de çok insan olurdu!

"Allah'ım! Senden afiyet ve selamet dileriz. Sen bizleri borç zilletinden koruyarak izzet ve şerefle yaşamayı nasip et."

Borç Yiğidin Kamçısı mıdır, Yoksa..?

Bugün borcu olan Müslimlerin maalesef ki bu konuda çok rahat davrandıklarına şahit oluyor ve sanki hiç borçları yokmuş edasıyla hareket ettiklerini görüyoruz. Adamın borcu var, normal şartlarda onu ödemek için gerekirse akşamları bile ek iş yapmalı; lakin adam o kadar rahat, o kadar geniş gönüllü ki sanki dünyanın en müsterih insanı! Yine öyleleri var ki, borcu olduğu ve karşı tarafı zora soktuğu hâlde cebinde iki üç bin liralık telefon taşıyabiliyor!

Bu nasıl bir anlayış, nasıl bir bakış açısı anlamak mümkün değil!

Eskiden atalarımız, Müslimlerin borçla yaşayamayacaklarını, onun beli kıran yükü altında ezileceklerini iyi bildikleri için teşvik mahiyetinde *"Borç yiğidin kamçısıdır."* demişlerdir. El-Hak doğru da söylemişlerdir. Her ne kadar günümüzde yanlış anlaşılsa da bu sözün öz manası haktır. Atalarımız bu hikmetli sözle aslında şunu kastetmişlerdir: Kamçı nasıl ki atı tetikler ve onun daha çok çabalamasını sağlarsa, borç da aynı şekilde Müslim'i tetikler ve bir an önce bu zilletten kurtulması için daha fazla çabalamasını sağlar.

İşte atalarımızın kastettiği mana budur. Ama bu söz, doğru bir mana için söylendiği hâlde günümüzde kendisiyle batıl kastedilen cümleler kervanına dâhil olmuştur.

Atalarımızın Kur'ân ve sünnetin özünden süzerek söyledikleri bu sözü güzelce düşünmek gerekir. Acaba ne demektir borcun yiğit için kamçı olması? Borç; yiğit, şahsiyetli ve onurlu kimseleri bir an önce kendisinden kurtulmaları için kamçılar, tetikler, teşvik eder. Ama kendisinde şahsiyet ve onur bulunmayanlar için böyle bir şey söz konusu değildir. Onlar kamçı yemeye alıştıkları için sağ taraftan bir tane yeseler, tereddüt etmeden iki tane de diğer taraftan yemek için dönerler.

Böylelerine nasihat de fayda vermez, kamçı da! Ne desek boş!

Maalesef bu tür insanlara *"borç kamçı"* diyoruz anlamıyorlar. *"zillet"* diyoruz anlamıyorlar. *"Tehiri günahtır"* diyoruz anlamıyorlar. *"Resûlullah (sav) sizin gibilerin cenaze namazını kılmamış"* diyoruz anlamıyorlar.

İnanın biz de ne diyeceğimizi şaşırdık!

Ne diyelim Allah şuur ve izan versin.

Günümüz insanı, atalarımızdan nakledilen bu vecizenin anlamını bozmuş ve onu *"daha da çok borçlanacaksın"* manasına hamletmişler. Bu mana kesinlikle yanlıştır ve kabulü asla mümkün değildir. Eğer birileri bunu böyle anlıyorsa hata ettiklerini bilsinler; zira borç onurlu bir insan için kelimenin tam anlamıyla *"zillet"*tir.

Allah hepimizi zilletin her türlüsünden muhafaza buyursun.

Borçlanmalarda Zaman Tayini Önemlidir

Âlimlerimizin belirttiğine göre borçlanmanın üç hâli vardır:

1. Adı konmuş ve süresi belirlenmiş borçlanma,

2. Belirli bir süreyle sınırlandırılmamış borçlanma,

3. Süresi bir meçhule bırakılmış borçlanma.

Bunlar içerisinden ilk iki halet caiz iken son maddede yer alan *"meçhule bırakılmış borçlanma"* caiz değildir.

Bir insan vade ile mal aldığı veya emanet para talebinde bulunduğu kimseye bir süre tayin etmek suretiyle borçlanabilir. Örneğin, *"Altmış gün sonra sana bu borcumu ödeyeceğim."* diyebilir. Veya *"Şu tarihte paranı getireceğim."* diyebilir. Bu caizdir ve içerisinde herhangi bir mahzur yoktur.

İkinci maddede zikrettiğimiz şeye gelince, bu da caizdir. Yani bir insanın belirli bir süre tayin etmeden borçlanması ve herhangi bir zaman zikretmeksizin yük altına girmesi... Buna kişinin *"Ben senden şunu borçla alabilir miyim?"* demesini ve bunun için şu gün getireceğim şeklinde herhangi bir vakit tayininde bulunmamasını örnek gösterebiliriz. Bu, alacaklı pozisyonunda olan kimsenin rızası dâhilinde caizdir. Buna *"belirli bir süreyle sınırlandırılmamış borçlanma"* denilir.

Üçüncü maddede zikrettiğimiz şeye, yani süresi bir meçhule bırakılmış borçlanmaya gelince, bu caiz değildir. Buna kişinin *"Ben senden şunu babamın geleceği güne kadar bir vadeyle alıyorum."* demesini örnek verebiliriz. Borç isteyenin babasının ne zaman geleceği meçhul olduğu ve böylesi bir borçlanmada bir nevi *"aldatma"* bulunduğu için İslam bunu yasaklamıştır. Resûlullah (sav) şöyle buyurur:

"Her kim bir şeyde selem akdi yaparsa (yani peşin parayla vadeli mal alırsa) belirli bir ölçüyle ve adı konmuş bir süreyle selem yapsın." [1]

Bugün bazı Müslimlerin bu hataya düştüğüne şahit oluyoruz. Borçlandıklarında diyorlar ki: *"Öderiz bakalım..."*

Veya şöyle diyorlar: *"Kaçıcı mıyız ya!"*

---

1. *Buhari ve Müslim.*

Tamam, sen belki kaçıcı değilsin, ama ölüverirsen ne olacak? Ben senden alacaklı olduğumu kime, nasıl anlatacağım?

İşte bu gibi nedenlerden dolayı mutlaka borçları yazmak ve yazdığımızda da adını koymak gerekir; aksi hâlde tartışmaların, anlaşmazlıkların ve aldatmaların kapısı aralanmış demektir. Bu da Müslimlerin arasını bozmaya, fitne ve kargaşaya neden olur.

Borçlanmada İzlememiz Gereken Yol

Borçlanmalarımızda şu maddelere dikkat edersek ihtilafların, anlaşmazlıkların ve ara bozulmalarının bir nebze de olsa önüne geçmiş oluruz:

1. Borcun ne zaman ödeneceğinin muhakkak adını koymalıyız.

2. Eğer taksitlendirme gibi bir şey söz konusuysa hangi ayda, hangi günler arasında ödeneceğini belirtmeliyiz.

3. Borcun miktarını ve zamanını yazmalıyız.

4. Borcu iki erkek veya bir erkek iki kadınla şahitlendirmeliyiz.

5. Borçlanan kişi hakkında güvensizliğimiz veya gözettiğimiz şer'i başka bir maksat varsa ondan rehin talep etmeliyiz.

6. Yazma işlemlerinden anlamıyorsak –ki bugün resmi işlemlerin birçoğunu aklı başında olanlarımız bile gereği gibi bilmemektedir– bu durumda güvenilir birisine yazdırmalıyız.

7. Birilerinin bizler adına düzenlediği evrakları görmeden asla teyit etmemeli, mutlaka bilgimiz dâhilinde işleme konulmasına özen göstermeliyiz.

Sayılan bu hususlara dikkat etmeye çalıştığımızda,

maddi anlamdaki zararlarımız Allah'ın izniyle en asgariye inecektir. Bunlara riayet etmeye çalıştıktan sonra, insanların sahtekârlıkları veya bizim aşırı iyi niyetimiz nedeniyle mali olarak zarara uğratılsak da inşallah manevî olarak kazanacak, hiç olmazsa Allah'ın buyruğuna ram olmanın verdiği gönül ferahlığıyla mutlu olacağız. Ahirette alacağımız mükâfat ise biiznillah bunun kârı olacaktır.

Son Olarak

Borçlanma meselesine dair söylenecek elbette çok söz var; ama hasbelkader vermek istediğimiz mesajı ilettiğimize inanıyoruz. Burada son olarak Resûlullah'ın (sav) birkaç hadisini hatırlatarak konumuzu sonlandırmak istiyoruz. Resûlullah (sav) buyurur ki:

"Zenginin borcunu geciktirmesi zulümdür." [1]

Her ne kadar hadisin orijinalinde *"zengin"* lafzı kullanılmış olsa da, âlimlerimizin belirttiğine göre bununla fakir bile olsa ödemeye imkân bulan herkes kastedilmiştir.[2] Buna göre hadisin anlamı şöyle olur: *"İmkânı olan birisinin borcunu geciktirmesi zulümdür."*

Bugün –Allah'ın rahmet ettikleri müstesna– en iyi bildiklerimiz bile maalesef bu hatanın içerisine düşmekte ve imkânları olduğu hâlde borçlarını vaktinde ödememektedirler. *"Kaçıcı mıyız?"* diye dillerine pelesenk ettikleri batıl bir sözle hak sahiplerinin haklarını eda etmemekte ve bu şekilde Resûlullah'ın dili ile zalimlerden olmaktadırlar. Zalim denince aklımıza hep Haccac gibi adamlar gelir, değil mi? Ama Resûl'ün mübarek dilinde imkânı elverdiği hâlde borçlarını geciktirenler de zalimdirler.

Bu nedenle asla borcumuzu geciktirenlerden ve farkında olmadan zulme bulaşanlardan olmamalıyız! Ticaretimizde

---

1. Buhari ve Müslim.
2. Bk. Fethu'l-Bâri, 4/465.

Allah'ın ve Resûlü'nün tavsiyelerini ölçü almalı, birilerinin yanlış uygulamalarına takılarak ahiretimizi perişan etmemeliyiz. Allah bizi ve sen değerli tacir kardeşimizi zulmün her türlüsünden muhafaza buyursun.

Resûlullah (sav) borçtan korunmak için şöyle dua ederdi:

اللَّهُمَّ إِنِّي أَعُوذُ بِكَ مِنَ الْهَمِّ وَالْحَزَنِ، وَالْعَجْزِ وَالْكَسَلِ، وَالْبُخْلِ وَالْجُبْنِ، وَضَلَعِ الدَّيْنِ، وَغَلَبَةِ الرِّجَالِ

"Allah'ım! Kederden, hüzünden, acizlikten, tembellikten, cimrilikten, korkaklıktan, bel büken borçtan ve insanların galebe çalmasından sana sığınırım." [1]

Namazlarının sonunda da:

اللَّهُمَّ إِنِّي أَعُوذُ بِكَ مِنْ الْمَأْثَمِ وَالْمَغْرَمِ

" 'Allah'ım! Günahtan ve borçtan sana sığınırım' diye dua ederdi. Sahabeden birisi:

— Ey Allah'ın Resûlü! Borçtan ne kadar da çok Allah'a sığınıyorsunuz, dedi. Bunun üzerine Resûlullah:

— Kişi borçlandığında konuşur yalan söyler, söz verir sözünde durmaz (İşte Allah'a çokça sığınmamın nedeni budur) buyurdu." [2]

❈ ❈ ❈

Değerli tacir kardeşim, buraya kadar anlattığımız şeylerle borçlanma konusunda önemli gördüğümüz bazı hususlarda sana nasihatlerde bulunmaya çalıştık. Bu nasihatleri asla kulak ardı etme. Şartlar ne olursa olsun borçlarını yazmaya özen göster. Vadesi dolduğunda

---

1. Tirmizi
2. Buhari ve Müslim.

onları vaktinde ödemeye çalış. Sen buna çabaladığında, göreceksin ki Rabbinin yardımı sağanak sağanak üzerine yağacaktır.

18. Ticaretini Peşin Döndürmeye Çalış

İslam'ın öngördüğü ve tavsiye ettiği ticaretin işleyişinde asıl olan, bu ticareti *"peşin"* olarak çevirmektir. İslam her ne kadar belirli kurallar çerçevesinde borçlanmaya müsaade etmişse de, müntesiplerine ticaretlerini *"al gülüm, ver gülüm"* esası üzere yapmayı, yani peşin olarak ticaretlerini çevirmeyi dolaylı olarak tavsiye buyurmuştur. Yani dinimizde borçlanmak caiz, borçsuz ticaret ise asıldır.

Ticareti peşin çevirmenin saymakla bitmeyecek faydaları vardır. Bunların en başında, yatağa girdiği zaman hiç kimseyle alacak verecek derdinin olmaması nedeniyle insanın kalbinin mutmainliğe ermesi ve gönül huzuruyla uyuyabilmesi gelir. Dünyada en rahat insan kimdir diye sorsak, buna hiç tereddüt etmeden Rabbine ve insanlara karşı sorumluluklarını yerine getirdiği için gönül rahatlığıyla kafasını yastığa koyabilen insandır, diye cevap verebiliriz.

Bu, gerçekten de büyük bir nimettir.

Bu büyük nimetin yanı sıra borcun zilletinden uzak olmak, alacaklı ve vereceklilerle yüz göz olmamak, kul haklarından soyutlanmak, insanların diline pelesenk olmaktan uzak kalmak ve cenaze namazının gönül rahatlığıyla kılınmasına olanak sağlamak da bu faydalardan bazılarıdır. Sırf bu gibi nedenler bile ticareti peşin çevirmek için yeterli sebeplerdir.

Ayrıca insan, ticaretini peşin olarak yapmaya çalıştığında birçok hayra ve inanılmaz maddi manevi kazanımlara da nail olur. İşinin bereketini ve ticaretinin kârını görmesi ise cabasıdır. Bu nedenle ticarette peşin alım satım yapmaya gayret etmek ve bunun için elimizden geleni ortaya koymak bizim en öncelikli vazifelerimizdendir.

Bugün ticaretle uğraşan nice kardeşimizin maddi anlamda sıkıntı çekmesinin en büyük nedenlerinden birisi, ticaretlerini peşin çevirememeleridir. Bu da onları hem mal alırken hem de mal satarken zora sokmaktadır.

Mal alırken peşin alamamalarının neticesi olarak iki noktada sıkıntıya düşmektedirler:

a. Malı daha pahalıya alma sıkıntısına,

b. İstediği ürünü seçememe sıkıntısına.

Bu kardeşlerimiz eğer mal alırken peşin paranın verdiği güçle hareket edebilselerdi, satıcıya paranın sıcak yüzü sayesinde daha çok indirim yapma olasılığına sahip olurlardı. Ayrıca vadeden kaynaklanan fiyat farkının önüne geçmeleri de yanlarına ekstradan bir kâr olarak kalırdı.

Yine bu kardeşlerimiz eğer mal alırken peşin paranın gücünü kullanabilselerdi, vade ile alışveriş yapanların birçoğuna tanınmayan *"istediğin malı seç"* hakkına sahip olurlar ve bu sayede hızla eritebilecekleri malları alırlardı. Bu da onların ticaretlerinin hızlı akışını sağlar ve paralarını sadece giden mallara bağlamış oldukları için daha bereketli mal alım satımı yapmalarının önünü açardı.

Mal satarken peşin satamamanın da birçok sıkıntısı ve maddi anlamda oldukça büyük riski ve kaybı vardır. Özellikle de bu kayıp, günümüz insanının ticaretle uğraşan birisinin vadeli verdiğini bildiği zaman bunu suistimal ettiği ve adamı zora soktuğu şu dönemde daha da çok açığa çıkmaktadır. Çünkü bizim toplumumuz *"Borç yiğidin kamçısıdır."* terennümüyle borçlanmayı fazilet kabul eden bir toplumdur. Bu nedenle de borç ile yaşamaya ve borcun yükü altında ezilmeye alışmıştır. Eğer bir esnaf, bu inkâr edilemez gerçeği göz ardı ederek borç ile mal vermeye başlar ve bu noktada gereken tedbirleri almayarak vurdumduymazlık yaparsa bu, sonun başlangıcını kendi eli ile başlatması anlamına gelir. Ve böylesi bir hata, Allah'ın rahmet etmesi müstesna o esnafın akıbetini hüsranla sonuçlandıracak bir hatadır. Yaşanan tecrübeler bunun böyle olacağının en büyük delilidir.

İşte bundan ötürü Müslim bir tacir olarak senin borç ile mal almamaya ve borç ile mal vermemeye dikkat etmen gerekir. Eğer bu noktada çaresiz kalır ve bir sebebe binaen borçlanmaya veya borç ile mal vermeye mecbur olursan, önce Allah'a karşı sorumluluklarını, sonrasında da karşı taraftaki insanlara karşı görevlerini hakkıyla yerine getirmeye çalış. Yazacaksan yaz, ahitleşeceksen ahitleş, günleşeceksen günleş; ama asla İslam'ın sana yüklemiş olduğu ticari ahlak ilkelerinden taviz verme.

Bu, kardeşin olarak ticari tecrübelerimize dayanarak sana yapacağımız bir nasihatimizdir. Tutarsan kârlı çıkman umulur; tutmazsan ne diyelim, Allah yardımcın olsun...

19. Dükkanını Daru'l-Erkam'a Çevir

Bir Müslim, meşru sınırlar içerisinde bulunduğu her yer ve mekânda Allah'ın razı olacağı bir ortam oluşturarak kulluğunu ve davetini icra etmeyi bilmelidir. Müslim'in davet yapabilmesi veya ilim tahsil edebilmesi için zaman ve mekân faktörünün çok da önemi yoktur. Azim sahibi olduğu müddetçe her yer onun için *"medrese"* ve *"Daru'l-Erkam"* hükmündedir. Bu nedenle bir Müslim, Allah'ın arzının her yerinde; evinde, iş yerinde, tarlasında, arabasında, dolmuşta, otobüste, çay ocaklarında, park alanlarında ve zindan köşelerinde ilim tahsil etmekten ve öğrendiği bu ilmi insanlara ulaştırmaktan geri durmaz. O, ortamlardan etkilenen değil, aksine ortamları etkileyen biridir. Müteessir değil, müessirdir. Bunun için de gittiği her yerde veya bulunduğu her ortamda ilmini artıracak vesilelere sarılır, içerisinde bulunduğu her anı davete elverişli hâle getirir. İşte, bilinçli bir Müslim böyledir veya böyle olma hedefine kilitlenmiştir.

Mevcut şartlardan dolayı bugün insanımızın geneli, vakitlerinin büyük bir kısmını iş yerlerinde geçirmek zorundadır. Kimileri sekiz saat, kimileri on saat, kimileri de on iki saat iş yerlerinde çalışmak durumundadır. Bu nedenle insanlığın hidayetini arzulayan bilinçli Müslimlerin, bu mekânlarda ilim ve davet meşaleleri yakarak onları aydınlatmaları ve tıpkı selefleri gibi ticarethaneleri hidayete götüren birer köprü hâline getirmeleri gerekmektedir.

Efendimizin *(sav)* davetin ilk dönemlerinden itibaren bir medrese olarak kullanmış olduğu *"Daru'l-Erkamı"*nın iki temel fonksiyonu vardı:

a. Bu mekân; Allah'ın ayetlerinin ve Resûlü'nün sözlerinin öğrenildiği, yani ilim tahsil edildiği bir yerdi,

b. Yine bu mekân; insanların Allah'ın dinine davet edildiği, yani tebliğ yapıldığı bir yerdi.

Buradan hareketle şunu çok rahatlıkla söyleyebiliriz ki; bu iki fonksiyonun işletildiği her yer ve mekân, bu çağın Daru'l-Erkamı'dır ve Müslimlerin buralarda tıpkı önderleri Muhammed'in *(sav)* yaptığı gibi ilim ve davet görevini yapmaları gerekmektedir.

Eğer sen de Müslim bir tacir olarak dükkânını veya çalıştığın iş yerini *"Daru'l-Erkam"*a çevirmek istiyorsan o zaman buralarda yapacağın şey, öncelikle sana faydası olacak hayırlı bir *"ilim tahsil etmek"*, sonrasında da gerek beraberinde çalışan insanları gerekse oraya gelen müşterileri tevhide ve İslam'ın güzelliklerine *"davet etmek"*tir. Bu iki ameliyeyi gerçekleştirdiğinde, sen de çağdaş Daru'l-Erkamların kutlu bir ferdi olmuş olursun.

Bugün Müslimler ilim tahsili denilince hep bir medresede okumayı anlamaktadırlar. Oysa ilim –üstte de ifade ettiğimiz gibi– meşru olan her yerde tahsil edilebilir. Hele hele dükkânların bu konudaki elverişliliği, diğer yerlerin elverişliliğine nazaran çok daha etkindir. Kişi sabahtan akşama kadar masasının başında ya gazete okuyarak ya televizyon seyrederek ya da internet sayfalarında gezerek vaktini yiyip bitirmektedir. Böyle yapacağına Allah'ın ayetlerini, onların mealini ve Resûlullah'ın *(sav)* hadislerini dinlese veya güvenilirliği ispatlanmış hocalardan bir sohbete kulak verse; hem heba olan vaktini hayırlı bir şeyle değerlendirmiş olur hem de ilmine ilim katar. İş yerleri ve dükkânlar bu bakımdan ilmimizi artırmaya çok müsait yerlerdir. Bu nedenle buraları en iyi şekilde değerlendirmemiz gerekir.

Ama hemen şunu da belirtelim ki, bu söylediğimiz her iş yeri ve dükkân için geçerli değildir. Bazı iş yerleri vardır ki, kişinin orada işinden başka bir şeyle meşgul olacak bir anı bile yoktur. Kimi zaman bir sohbete kulak verecek en ufak bir imkân bile bulamaz. Hatta bazı iş yerlerinde işverenler, eleman alacaklarında onlardan mesai süresi zarfında telefon kullanmama veya biraz önce zikrettiğimiz türden faaliyetler yapmama noktasında söz dahi almaktadırlar. İşe girerken böylesi anlaşmaya *"evet"* diyen Müslimerin, şartlar ne olursa olsun anlaşmalarına sadık kalmaları, şayet kalamayacaklarsa o zaman daha hayırlı bir işe bakmaları gerekmektedir. Sohbet dinleyeceğiz, ilim tahsil edeceğiz veya insanlara davet yapacağız diye asla verdikleri sözü bozmamalı, helal olan kazançlarına karşı tarafın rızası olmayan bir şeyi karıştırarak haram bulaştırmamalıdırlar. Eğer bu şart kendilerine ağır geliyorsa, bu durumda anlaşmalarına riayet edebilecekleri daha başka bir iş aramalı ve rızıklarını başka kapılardan temin etme kavgası vermelidirler.

Bizim üstte söylediğimiz şeyler, bu tür işyerleri ve böylesi pozisyonda olan kardeşlerimiz için geçerli değildir. Böylesi iş yerlerinde çalışan Müslimlere –eğer işlerini bırakma imkânına sahip değillerse– sırf helal lokma peşinde koşturdukları için ecirlerini Allah'tan beklemelerini ve ilim tahsili, sohbet dinleme ve davet çalışması gibi faaliyetlerini daha farklı mekânlarda yapmaya çalışmalarını tavsiye ederiz. Ama imkânı olan Müslimlerin dükkân ve iş yerlerinde muhakkak dinlerini öğrenmeleri ve vakitlerini iyi değerlendirerek ilimlerini artırmaları gerekmektedir. Bu noktada gevşeklik göstererek vakitlerini heba etmeleri hesabı gerektireceği gibi, gün gelir bu nimetin ellerinden alınmasına da sebebiyet verebilir.

Daru'l-Erkam'ın ikinci fonksiyonu olan, insanların Allah'ın dinine davet edilmesi meselesine gelince; bu noktada iş yerinde yapabileceğin çok şey var.

• Gücün yetiyor, anlatma kabiliyetin el veriyorsa; dükkânına gelen insanlara bizzat tebliğ yapabilirsin.

• Eğer anlatma kabiliyetin el vermiyorsa, masanda bulunduracağın davet broşürlerinden veya kitapçıklardan yardım alarak onlara bunları okumalarını söyleyebilirsin.

• Veya bir CD yahut küçük bir belleğe önceden faydalı olacağını düşündüğün dersler yükleyerek samimi gördüklerine hediye edebilirsin.

• Şayet buna da gücün yetmiyorsa, müşterilerine kendilerini düşünmeye sevk edecek ve kafalarında soru işareti bırakacak kaliteli sorular sorabilirsin.

• Bunu da yapamıyorsan, o zaman Yâsîn Suresi'nde **"Ey kavmim! Gönderilmiş resûllere uyun. Sizden hiçbir ücret istemeyen kimselere uyun."** [1] diye Allah'ın kendisinden övgüyle bahsettiği salih adam gibi onlara İslam davetçilerini dinlemelerini öğütleyebilirsin.

---

1. 36/Yâsîn, 20-21

• Yahut güvenilir Müslim davetçilerin internet adreslerini kartvizit şeklinde bastırarak her müşterinin poşetine bir tane koyabilirsin...

İşte saydığımız bütün bu metotların hepsi, İslam'ı insanlara ulaştırmada başvurabileceğin yolardandır. Bunların haricinde de elbette birçok yol, onlarca farklı metot vardır. Şunu unutma ki, akıllı insan dert edindiği davası için en güzel metotları bulmaya çalışarak hizmetten geri kalmayan insandır. İnanıyorum ki sen, davanı insanlara ulaştırmak için zikredemeyeceğimiz daha nice güzel ve faydalı yollar bulabilirsin. Bu noktada Allah'tan hem kendimiz için hem de sen değerli kardeşimiz için yardım isteriz.

Bu konuyla alakalı son olarak şunu demek isteriz: İslam, kimi ülkelere ancak kılıç yardımıyla ulaştırılabilmişken; Afrika, Endonezya ve Malezya gibi ülkelere ise dürüst ve emin *"tacirler"* vasıtasıyla ulaştırılmıştır. Bu belde halkları, kendilerine gelen emin tacirlerin hassasiyetlerini, dürüstlüklerini ve dinlerini ticaretlerinden daha önde tuttuklarını görünce sergiledikleri mallardan önce, temsil ettikleri dinlerine merak sarmışlar ve bu sayede İslam ile tanışma imkânı bulmuşlardır. Yani bu ülke halklarının İslamlaşması, davetçi tacirlerin eli ile olmuştur.

Sen de Daru'l-Erkam'ın ikinci fonksiyonu olan davet görevini ticaretin aracılığıyla geçekleştirerek dinini insanlara ulaştırabilir, bu sayede para kazanmanın yanı sıra Rabbinin de rızasını kazanmanın bir yolunu bulmuş olursun.

Şu hâlde ne duruyorsun, haydi Daru'l-Erkam'ın fonksiyonlarını icra etmeye!..

20. Ticaretin Allah'ı Anmaya ve Namazına Mâni Olmasın

Ticaretle uğraşan kardeşlerimizin karşı karşıya kaldığı en büyük problemlerden birisi, uğraşmış oldukları ticaretlerinin Allah'ı anmaya, faydalı ilme ve namazlarını vaktinde kılmaya mâni olmasıdır. Oysa ticaret Müslimler için hiçbir zaman hayırlı amellere engel teşkil etmemeli, onları bu tür salih amellerden alıkoymamalıdır. Allah'ın kendilerinden övgüyle bahsettiği ve kendilerine ittiba etmeyi bizlere tavsiye buyurduğu sahabe nesli, hiçbir zaman ticaretlerini namazlarının ve Allah'ı zikirlerinin önüne geçirmemiştir. Böyle olduğu için de Allah onların bu tavrını Kitabında zikretmiş ve kendilerinden sonra gelen Müslimlere onları örnek göstermiştir. Rabbimiz şöyle buyurur:

"Onlar, ticaretin ve alışverişin kendilerini Allah'ı anmaktan, namazı dosdoğru kılmaktan ve zekâtı vermekten alıkoymadığı adamlardır. Kalplerin ve gözlerin (dehşetten) ters döndüğü bir günden korkarlar." [1]

Rabbimiz bu ayetiyle sahabeyi övmekte ve dinlerini her daim ticaretlerinin önünde tuttukları için tüm insanlığa onları örnek göstermektedir.

Rivayetlere baktığımızda onların bu noktadaki hassasiyetine hayret etmemek ve gerçekten övülen nesil olmalarına şahitlikte bulunmamak elde değildir. Şöyle ki: Peygamber (sav) döneminde iki kişi vardı. Bunların birisi satıcı olup, namaz için ezan okunduğunu işitir işitmez eğer terazi elinde bulunuyorsa onu atıverirdi, güzel bir şekilde dahi koymazdı. Şayet terazi yerinde bulunuyorsa, onu oradan kaldırmazdı. Diğeri ise demirci idi, ticaret maksadıyla kılıç yapardı. Eğer çekici, örsün üzerinde

---

1. 24/Nûr, 37

bulunuyor ise onu yerinde bırakırdı, şayet kaldırmış ise ezanı işittiği takdirde arkasına atardı. İşte yüce Allah, onları ve onlara uyan herkesi övmek üzere bu ayeti inzal buyurdu.[1]

İşte, onları örnek almak isteyen ve gittikleri kutlu yolda adım adım kendilerini takip etmeyi şeref bilen biz Müslimlerin de aynı hassasiyetle davranması ve şartlar ne olursa olsun hiçbir zaman ticaretimizi dinimizin önüne geçirmemesi gerekmektedir.

Zikrettiğimiz ayeti dikkatle tefekkür ettiğimizde Rabbimizin; Allah'ı anmaktan, namazı gereği gibi kılmaktan ve zekâtı vaktinde vermekten alıkoyan şeyin temelde *"ticaret"* olduğunu vurgulayarak biz kullarına ince bir mesaj verdiğini görürüz. Tecrübeyle sabittir ki, gerçekten de durum tıpkı Rabbimizin işaret ettiği gibidir. İnsanlarımız sayılan bu ibadetleri sırf ticaretleriyle uğraştıkları için gereği gibi eda edememektedirler. Bu nedenledir ki müfessirlerimiz şöyle demiştir: *"Burada ticaretin özellikle anılmasının sebebi, onun namazlardan ve taatlerden en çok alıkoyucu oluşundandır."* [2]

Bugün yaşadığımız ticari hayattan yakinen biliyoruz ki, bizleri namazlarımızı vaktinde kılamamaktan ve onda hakkıyla huşuyu yakalayamamaktan alıkoyan yegâne sebep; ticaretimizdir. Ticaretimizi hak ettiği yere koymayı bilerek hareket etmeli ve asla onu kulluğumuzun önüne geçirmemeliyiz. Bu noktada zikrettiğimiz ayeti dükkanlarımıza *"serlevha"* yapmayı ve her daim onu okuyarak, namazlarımıza daha bir önem göstermeyi tavsiye ederiz.

Şunu hiçbir zaman hatırımızdan çıkarmamalıyız ki, namazlarını vaktinde kılmayan bir Müslim asla namazı *"ikame"* etmiş sayılmaz. Allah (cc) bizlere namaz kılmayı

---

1. el-Câmi' li Ahkâmi'l-Kur'ân, 12/260.
2. Bk. Meâlimu't-Tenzîl, 6/51; el-Câmi' li Ahkâmi'l-Kur'ân, 12/259.

değil, namazı ikame etmeyi emir buyurmuştur. Kur'ân'a baktığımızda neredeyse hep *"namazı ikame edin, zekâtı verin..."* [1] buyrulduğunu görürüz. Bu da bize göstermektedir ki, namaz kılmak başka bir şey, namazı ikame etmek başka bir şeydir. Eğer namazı ikâme edenlerden olmak istiyorsak, evvela onun vakitlerine riayet etmeliyiz. Huşusuna, tadil-i erkânına ve mesnûn olan vird ve zikirlerine riayet ederek de onu güzelleştirmeliyiz.

İmam Beğavî (rh) tefsirinde der ki: *"Her kim (ticaret ve benzeri sebeplerle) namazını vaktinde kılmazsa, o, namazı ikame edenlerden sayılmaz."* [2]

Namazları vaktinde kıldığımızda, namazı ikame etmenin yanı sıra bir de daha çok ecir kazanma imkânını elde etmiş oluruz. İşin aslına bakıldığında vaktin evvelinde de kılsak, ahirinde de kılsak harcayacağımız zaman aynı olacaktır. Örneğin, bir vakti on dakikada kılıyorsak her iki vakitte de bu zamanı doğal olarak harcayacağız. Ama evvelinde kıldığımızda daha çok ecir kazanacakken, ahirinde kıldığımızda bu ecirden mahrum olacağız. Bir insan size gelip bir elinde 100 ₺, diğer elinde de 1 ₺ para uzatsa ve ikisinden birisini almanızı söylese hangisini alırsınız? Elbette ki 100 ₺'yi alırsınız değil mi? Çünkü 100 ₺, 1 ₺'ye nazaran hem daha değerli hem de daha çoktur. İşte namazı ilk vaktinde kılmanın örneği de tıpkı bunun gibidir. Siz namazınızı ilk vaktinde kıldığınızda 100 ₺'yi almış gibi olacakken, son vakte bıraktığınızda 1 ₺'yi almış gibi olacaksınız. Aklı olan, her zaman daha kârlı ve daha kazançlı olanı tercih edendir...

Ayrıca namazımızı geciktirmeye sebep olan ticaret bizim için sevap değil, vebaldir. Bir insan sürekli böyle davrandığında, bundan hesaba çekilir.

---

1. Bk. 2/Bakara, 43; 22/Hac, 78; 24/Nûr, 56.
2. Meâlimu't-Tenzîl, 6/51.

Rabbimiz Kitab-ı Kerimi'nde bizleri sadece helal kazanç yemeye değil, aynı zamanda tayyib kazanç yemeye teşvik etmektedir:

"Ey insanlar! Yeryüzündeki helal ve temiz olan yiyeceklerden yiyin. Şeytanın adımlarına uymayın. Çünkü o sizin apaçık düşmanınızdır." [1]

"Allah'ın size rızık olarak verdiklerinden helal ve temiz olarak yiyin. Kendisine iman etmiş bulunduğunuz Allah'tan korkup sakının." [2]

Peki, *"helal kazanç"* ile *"tayyib/temiz kazanç"* arasında ne gibi bir fark vardır?

Helal; Allah'ın yasaklarından uzak olarak ve meşru çerçevede elde edilen her türlü mubah kazançtır. Tayyib ise; bu helal kazanca bulaşması muhtemel olan her türlü kerahetten arındırılarak elde edilen kazançtır. Yani tayyib olan kazançta şeriatın mekruh kabul ettiği hiçbir şey yoktur. Tamamıyla arı duru bir kazançtır. Ondan hem Allah razıdır hem de Resûlü... İşte bir kazanç bu kadar saf, temiz ve kendisinden razı olunan bir kazanç olursa o kazanç *"tayyib"* bir kazanç olur. Allah bize helalin yanında kazançlarımızın bir de tayyib olmasını emretmektedir. Yani her türlü kerahetten uzak bir kazanç... Bunun nedenini iyi düşünmek gerekir.

Bu iki kelime arasındaki farkı konumuzla alakalı olan yönü ile zikredecek olursak şunu söyleyebiliriz: Bir insan yapmış olduğu ticareti sebebiyle namazını son vakte bırakarak kılarsa, bu ticaretinden elde edeceği gelir haram değil helaldir ama tayyib değildir. Çünkü bu kişi namazını geciktirerek ibadetine kerahet karıştırmıştır ki, bu da onun gelirini tayyiblik seviyesinden helallik seviyesine düşürür.

---

1. 2/Bakara, 168
2. 5/Mâide, 88

Ama namazını ilk vaktinde kılar ve ticaretini namazına engel yapmazsa, elde edeceği bu gelir hem helal hem de tayyib olacaktır. İşte, Allah'ın razı olduğu ve bizlere tavsiye ettiği kazanç bu kazançtır.

Dolayısıyla, bizlerin ticaret yaparken kazançlarımızı tayyib yollarla elde etmemiz gerekmektedir. Bunun için de namazlarımızı vaktinde kılmalı, daha fazla kazanalım diye onları asla meşru vaktinin dışına çıkarmamalıyız.

Bu noktada gafil davranmış ve vakit konusunda ihmalkârlık yapmışsak, Rabbimizden af diliyor ve bir daha bu gaflete düşmemek için yardım etmesini talep ediyoruz. Rabbim hepimizi mağfiret buyursun.

Burada konuyla alakalı önemli gördüğümüz bir iki noktaya daha temas etmek istiyoruz:

• Sırf ticari meşguliyetlerimiz sebebiyle revâtib sünnetleri sürekli bir şekilde terk ederek namazlarımızın sadece farzlarıyla iktifa etmemiz de, rızkımızı tayyib bir şekilde elde etmemize manidir. Bilinmelidir ki bir Müslim, işi nedeniyle sünnet namazlarını genel itibariyle terk ederse rızkına kerahet karıştırmış olur. Bu da o rızkın tayyib olmasına manidir. Bazen şahit oluyoruz; kardeşlerimizden kimileri sırf daha çok iş çıkarma veya daha fazla işle meşgul olma adına genel itibariyle sünnet namazları ihmal ediyor ve namazların sadece farzlarıyla yetiniyorlar. Bu, caiz olmadığı gibi, Resûlullah'ın (sav) sünnetine de terstir. Tamam, insan ara sıra sünnet namazlarını kıl(a)mayabilir; bu sorun değildir. Ama asıl sorun, bunu sürekli bir hâle getirmesi ve sünnetleri sanki yokmuş edasıyla terk etmesidir. Bir Müslim sünnetleri sürekli terk etmeyi âdet hâline getirirse kazancına kerahet karıştırmış olacağı için rızkını tayyib bir yolla elde etmemiş olur.

• Bazı kardeşlerimiz de, yine sırf işlerindeki yoğunluk nedeniyle namazlarını daimî bir şekilde cem etmektedirler. Belki de bu ruhsata haftanın üç veya dört günü başvurmaktadırlar (!). Onların bu yaptığı dinde bilinen ve uygulaması olan bir şey değildir. Dolayısıyla bu şekliyle caiz de olmaz. Çünkü namaz, müminlere belirli vakitlerde farz kılınmış bir ibadettir. Bu ruhsatı çok nadiren kullanmak gerekirken, sırf daha fazla iş çıkarabilme adına asılmış gibi telakki etmek Sünnet-i Muhammediye'ye ters olduğu gibi, rızkın tayyib olmasına da manidir. Sünnetin bize öğrettiğine göre bu ruhsata ihtiyaç hâlinde veya bir takım sebepler neticesinde nadiren başvurulabilir. Ve kesinlikle bunun nadirattan olduğu bilinciyle hareket etmek gerekir. Bazı kardeşlerimizin yaptığı gibi, haftada üç veya dört gün yapılacak bir şey değildir. Bir insan ticaretindeki yoğunluğu nedeniyle namazlarını her gün ceme bırakırsa veya haftanın birkaç günü bu ruhsata başvurursa, bu kimsenin rızkı -üstte de dediğimiz gibi- tayyib olmaz; zira bu rızka sünnete muhalefet ve kerahet bulaşmıştır. Buna da dikkat etmek gerekir.

Namazları vaktinde kılmanın önemini kavradığımız gibi, buna mukabil olarak bir de namazları vaktinde kılmamanın günahını bilmemiz ve bunun zamanla bizleri namazı külliyen terk etmeye götürecek bir sebep olduğunun farkında olmamız gerekmektedir. Rabbimiz şöyle buyurur:

"Onlardan sonra bir topluluk geldi, namazı zayi/ihmal edip şehvetlere uydular. Onlar 'ğayy' (özel bir azap çeşidi) ile karşılaşacaklardır." [1]

Seleften bazı müfessirlerimiz burada zikredilen namazı zayi etmekten kastın; onu vaktinde kılmamak olduğunu söylemişlerdir.[2]

Allah (cc) namazlarını zayi edenleri *"ğayy"*la cezalandıracaktır ki, bununla kastedilen ya çetin bir azaptır ya

---

1. 19/Meryem, 59
2. Bk. *Tefsiru İbni Kesir,* 5/243.

hüsrandır ya da cehennemde bir vadidir. Hangisi olursa olsun, bunlardan hiçbirisi dayanılacak gibi şeyler değildir ve kişiyi çok zor durumda bırakacak azap türlerindendir.

Ayette bu insanların namazı zayi etmelerinden hemen sonra şehvet ve tutkularına tabi olduklarının vurgulanması sanki namazlarını geciktirmeye sebep olan en temel şeyin *"nefsanî arzuları"* olduğunu ifade etmek içindir. Yani bu insanlar tutku ve nefislerine hoş gelen şeylerin peşinden koşuşturdukları için namazlarını zayi etmişlerdir. Bu tutkuların başında da insanın para kazanma ve daha çok mal elde etme isteği gelmektedir.

Resûlullah (sav) birçok hadisinde namazı vaktinde kılmanın oldukça faziletli bir amel olduğundan bahsetmiş ve bu fazileti sürekli gündemde tutarak ümmetini ona yönlendirmiştir. İbni Mesud'un (ra) sormuş olduğu şu sorulara cevap verirken namazı ilk sırada zikretmesi, bunun en açık delillerindendir. İbni Mesud der ki:

"Resûlullah'a:

— Allah'a en sevimli gelen amelin hangisi olduğunu, sordum.

— Vaktinde kılınan namazdır, buyurdu.

— Sonra hangisidir, dedim.

— Anne babaya iyilik etmektir, buyurdu.

— Sonra hangisidir, dedim.

— Allah yolunda cihad etmektir, buyurdu." [1]

Görüleceği gibi, namazın vaktini muhafazaya gösterilecek önem Allah'a sevimli gelen amellerin en başında yer almaktadır. Bu da, bizim bu konuda daha hassas olmamız gerektiğini bir kere daha göstermektedir.

---

1. Buhari ve Müslim.

Gerçek Ticaret Nedir?

Biz insanoğluna: *"Zararı olmayan gerçek ticaret nedir?"* diye bir soru sorulsa, vereceğimiz cevap bellidir: Daha çok kazandıran, en çok kazandıran, en fazla kâr getiren ticarettir!

Ama bu sorunun cevabı Allah katında böyle değildir. İlahi bakışla beşerî bakış birbirinden çok farklıdır. Allah'ın nazarında gerçek ticaret; içerisinde Allah'ın Kitabı'nın okunduğu, namazın ikame edildiği ve elde edilen gelirden gizli açık infak edildiği bir ticarettir.

Bu gerçeği Rabbimiz Fâtır Suresi'nde bizlere şöyle haber verir:

"Hiç şüphesiz, Allah'ın Kitabı'nı okuyan, namazı dosdoğru kılan ve rızık olarak verdiklerimizden gizli ve açık olarak infak edenler; zarara uğramayacak bir ticaret umarlar." [1]

Yapmış olduğunuz ticaret çok para getiren ve size fazlaca kâr bırakan bir ticaret olsa bile, eğer içerisinde bu sayılan maddeler yoksa, o ticaret, Allah katında makbul bir ticaret değildir. Çünkü Allah katında gerçek ticaret; ancak içerisinde namazın, Kur'ân'ın ve infakın olduğu bir ticarettir.

Bu nedenle ey Müslimler! Ne yapın edin, ama asla ticaretinizi yaparken bu sayılan maddeleri ihmal etmeyin. Yani ticaretinizi namazınıza, Kur'ân okumanıza ve Allah yolunda infak yapmanıza engel kılmayın. Eğer böyle yaparsanız, Allah katında gerçek ticaretle uğraşan insanlar sınıfından olmamış olursunuz.

Ticaretimiz Zikirle İç İçe Olmalıdır

Rabbimiz Cuma Suresi'nde, ticaretin insanı genellikle

---

1. 35/Fâtır, 29

Allah'ı zikirden ve namazdan alıkoyduğu gerekçesiyle cuma namazı esnasında bırakılması gerektiğini emir buyurmuş, sonrasında da gerçek ticaretin Allah'ı zikirle iç içe olan ticaret olduğuna dikkat çekmiştir. Rabbimiz şöyle buyurur:

"Ey iman edenler! Cuma günü namaz için (ezan okunup) çağrıda bulunulduğunda Allah'ı zikretmeye (namaza) koşun ve alışverişi bırakın. Şayet bilirseniz bu, sizin için en hayırlı olandır.Namaz bittiğinde yeryüzünde yayılın/ dağılın. Allah'ın lütuf ve ihsanından arayın. Allah'ı çokça zikredin ki kurtuluşa eresiniz." [1]

Burada özellikle ayette yer alan *"Namaz bittiğinde yeryüzünde yayılın/dağılın. Allah'ın lütuf ve ihsanından arayın. Allah'ı çokça zikredin ki kurtuluşa eresiniz."* ifadesi üzerinde durmak ve düşünmek gerekir. Yani cuma namazını kılıp rızık temini için yeryüzüne dağıldığımızda nasibimizi ararken, Rabbimiz kendisini özellikle çokça zikretmemizi emir buyuruyor. Bu da bize gösteriyor ki, ticarette ve para kazanmada asıl olan, bunun Allah'ı anmakla iç içe olmasıdır. Allah'ın zikrinden uzak olan bir ticaret, Allah'ın razı olduğu bir ticaret değildir. Bilmek gerekir ki gerçek müminler, bir yandan para kazanırken, öte yandan da Rablerinin rızasını kazanmayı becerebilen ve bir işin içerisinde iki kârı elde etme bahtiyarlığına eren insanlardır. Bu bağlamda Rabbimizden bizi ve seni ticaretimizle meşgul olurken kendisini zikretmekten gafil olmaktan muhafaza etmesini temenni ediyoruz.

Bu son noktayı inceden inceye düşünmeyi ve ticaretimizi bu esas üzere inşa etmeyi ihmal etmememiz gerekir. Bu kıvam yakalanırsa ticaretimiz gerçekten bir anlam kazanacaktır.

Burada son olarak mal kazanma derdinin insana Allah'ı

---

1. *62/Cuma, 9-10*

unutturabileceği gerçeğini ifade eden bir ayetin mealini zikrederek konumuzu tamamlamak ve sizleri bu ayet ile baş başa bırakarak birazcık üzerinde düşünmenizi sağlamak istiyoruz. Ne olur az biraz gözlerinizi yumun ve bu ayeti içinizden tekrar ederek anlamı üzerinde tefekkür edin. Bakın Rabbimiz ne buyuruyor:

"Ey iman edenler! Mallarınız ve evlatlarınız, sizi Allah'ı zikretmekten alıkoymasın. Kim de bunu yaparsa işte onlar, hüsrana uğrayanların ta kendileridir." [1]

21. Malınla Cihad Etmeyi İhmal Etme

Tacir kardeşim, senin de bildiğin üzere kendisine intisap etmekle şeref duyduğumuz bu yüce din; tüm insanlığa tebliğ edilmesi, dünyanın dört bir yanında yankı bulması ve daha güçlü temeller üzere varlığını sürdürebilmesi için bizlere Allah yolunda elimizden gelen her şeyle cihad etmeyi emretmiştir. Bu din asla cihadsız, mücadelesiz ve cehd-u gayretsiz olmaz. Bunlar olmaksızın bir adım öteye gitmez. Bundan dolayı îla-i kelimetullahın ikamesi adına verilen bu kutlu mücadelede her Müslimin üzerine düşeni yapması, sorumluluk alması ve bu bağlamda hasbelkader gerek malı, gerek eli, gerek dili, gerek kalemi, gerek çoluk çocuğu ve gerekse de canı ile bir çaba ortaya koyarak umumî bir seferberlik başlatması gerekmektedir. Yani Müslimlerin yatarak değil, sahip oldukları tüm çabayı ortaya koyarak bu dine hizmet etmeleri gerekmektedir.

Vurgulamaya çalıştığımız bu hakikati Rabbimiz Kitabı'nda da dile getirmiş ve Müslimlerin her hâli ile cihad ehli olmaları gerektiğini belirtmiştir. Rabbimiz şöyle buyurur:

"Hafif ve ağır savaş teçhizatlarıyla savaşa çıkınız. Mal-

---
1. 63/Münafikûn, 9

larınız ve canlarınızla Allah yolunda cihad ediniz. Şayet bilirseniz, bu sizin için daha hayırlıdır." ¹

Resûlullah da *(sav)* bu manayı şöyle ifade etmiştir:

"Müşriklerle mallarınız, canlarınız ve dillerinizle cihad edin." ²

Bu gün kâfirler bile batıl ideolojilerini yaymak, sapkın itikatlarının tüm dünyada kabul görmesini sağlamak ve İslam'ın göz kamaştıran nurunu söndürmeye çalışmak için ellerinden gelen her metotla çalışmakta ve bu gaye uğrunda en değerli mallarını harcamaktadırlar.

"Hiç kuşkusuz kâfirler, Allah'ın yolundan alıkoymak için mallarını harcarlar. Harcayacaklar da... Sonra o harcamaları (yüreklerini yakan) bir pişmanlığa dönüşecek, sonra da yenilgiye uğrayacaklar. Kâfirler toplanıp cehenneme sürükleneceklerdir." ³

Eğer kâfirler bile kendi inançlarının yayılması için bu denli çaba harcıyor ve ellerindeki en değerli şeyleri feda ediyorlarsa, cennetin talibi olan biz Müslimlerin daha çok gayret etmesi, en değerli şeylerini feda ederek kâfirlerin çabalarından daha yoğun bir çabayla cihadlarını gerçekleştirmesi gerekmez mi?

Elbette gerekir.

Bu nedenle dinimizin daha iyi ikâmesi ve yarınlara daha sağlıklı bir şekilde taşınması için her Müslim'in elinden gelen her türlü çabayı ve tüm cehd-u gayreti ortaya koyması lazımdır.

Sen, ticaretle meşgul olduğun ve bu dine şu şartlar itibariyle malınla cihad ederek yardım edebileceğin için

---

1. 9/Tevbe, 41
2. Ebu Davud
3. 8/Enfâl, 36

burada söyleyeceğimiz sözler *"mal ile cihad"* dairesinde olacaktır. Onun için burada anlatılacak şeyleri bu gayeye matuf olarak okumaya çalış.

Hizmet Maddiyatla Güçlenir

Değerli tacir kardeşim, senin de bildiğin üzere bu gün Müslimlerin İslamî çalışmalarını başarılı bir şekilde ilerletebilmeleri için hayatlarının her alanında maddiyata ihtiyaçları vardır.

- Kitap basalım, dağıtalım, desek maddiyatsız olmuyor.
- CD yayalım, desek maddiyatsız olmuyor.
- İnsanlara el ilanı, broşür veya kartvizit verelim, desek maddiyatsız olmuyor.
- İnternet sitesi kurup tebliğ yapalım, desek maddiyatsız olmuyor.
- Ders hazırlayıp istifadeye sunalım, desek maddiyatsız olmuyor.
- Eğitim kurumları açıp insanları eğitelim, desek maddiyatsız olmuyor.
- İnsanların kalplerini İslam'a ısındırmak için bir takım faaliyetler yapalım, desek maddiyatsız olmuyor.
- Garip gurabaya, fakir fukaraya yardım edip gönüllerini İslam'a açalım, desek maddiyatsız olmuyor.

Hasılı, ne yapalım desek işin ucu bir şekilde gelip maddiyata dayanıyor ve Allah'ın kendilerine imkân verdiği Müslimlerin fedakârlıklarına ihtiyaç duyuluyor.

Bu gerçekten de böyle...

Hangi İslami alan olursa olsun maddi güçten bağımsız müspet tek bir adım atmak veya verimli herhangi bir çalışmadan söz etmek mümkün değil. Bu nedenle altını çize çize söylüyoruz ki, Müslimlerin öncelikle bu noktada bilinçlenmesi, sonrasında da bu bilinçlerini pratiğe dökmesi gerekmektedir.

"Ey iman edenler! Sizi can yakıcı azaptan kurtaracak ticareti size göstereyim mi? Allah'a ve Resûlü'ne iman edersiniz, mallarınız ve canlarınızla Allah yolunda cihad edersiniz. Şayet bilirseniz bu sizin için en hayırlı olandır. (Buna karşılık Allah da) günahlarınızı bağışlar, sizi altından ırmaklar akan cennetlere ve Adn cennetlerinde çok güzel/hoş meskenlere yerleştirir. Bu, büyük kurtuluştur/kazançtır." [1]

Allah hepsinden razı olsun, Sahabe-i Kiram bu bilince ermiş ve hayatlarında hep bu bilinçle hareket etmişlerdi. Canlarından önce mallarını ortaya koyarak Efendimizin yanında yer aldılar ve ellerini ceplerine atmaktan bir an olsun geri durmadılar. Ortaya koydukları bu cömertçe tavır sayesinde de cahiliyenin koyu karanlığına gömülmüş olan insanlık, İslam'ın güzellikleriyle tanıştı.

- İşte Hatice (r.anha)!

Davetin yardıma en çok ihtiyaç duyduğu o çetin günlerde Efendimizin ayaklarının altına tüm malını serdi, serpiştirdi. İslam'ın insanlara daha iyi bir şekilde ulaştırılması için elinde avucunda ne varsa hepsini feda etti ve bu sayede kendi çağındaki dünya kadınlarının en hayırlısı oldu.[2] Efendimiz (sav), onun bu eşsiz fedakârlıklarından dolayı vefatından sonra bile kendisini hemen her gün hayırla yâd eder ve överdi.

Aişe annemiz anlatır:

"Resûlullah, Hatice'yi anmadan ve kendisine güzel öv-

---

1. 61/Saff, 10-12
2. Buhari ve Müslim.

gülerde bulunmadan neredeyse evinden ayrılmazdı. Bir gün yine onu andı. Bunun üzerine ben:

— O, ihtiyar kadından başka biri değil! (Kendimi kast ederek) Allah, sana ondan daha hayırlısını vermiştir, dedim.

Bu sözleri duyunca Resûlullah saçının ön tarafı titreyecek kadar öfkelendi ve şöyle dedi:

— Allah'a yemin ederim ki hayır! Allah bana Hatice'den daha hayırlı bir hanım vermemiştir. Çünkü insanlar beni inkâr ettiği zaman o bana iman etti. İnsanlar beni yalanladığı zaman o beni tasdik etti. İnsanlar beni mahrum ettiği zaman o bana malıyla sahip çıktı. Allah beni ondan, diğer hanımlara nasip olmayan çocuklarla rızıklandırdı." [1]

İşte Ebu Bekir (ra)!

O da, İslam'ın sıkıntı çektiği her dönemde malını feda etmekten çekinmemiş, gerek Müslimlerin zorluklarını bertaraf etme adına gerekse İslam'ın yücelmesi adına parasıyla Allah yolunda cihaddan geri durmamıştı. Hem de öyle bir fedakârlık yapmıştı ki, tarih neredeyse böyle bir fedakârlığın eşine bir daha rastlamadı.

Ömer (ra) anlatır:

"Resûlullah bir gün infakta bulunmamızı emretti. Bu da, elimde bir miktar mal bulunduğu bir zamana denk geldi. Kendi kendime: 'Ebu Bekir'i geçersem, ancak bugün geçerim.' dedim ve elimdeki malın tam yarısını getirip Resûlullah'ın önüne koydum. Bunun üzerine Resûlullah bana:

— Ey Ömer! Ev halkına ne bıraktın? diye sordu.

— Getirdiğimin bir o kadarını bıraktım ya Resûlallah, dedim.

Sonra Ebu Bekir geldi. Yanında bulunan servetinin hepsini

---

1. İmam Ahmed rivayet etmiştir.

getirmişti. Resûlullah ona da:

— Ev halkına ne bıraktın? diye sordu. Ebu Bekir:

— Onlara Allah'ı ve Resûlü'nü bıraktım, dedi.

Bu cevap karşısında Ömer der ki: 'Bunun üzerine (kendi kendime dedim ki): Vallahi artık hiçbir şeyde asla onu geçemeyeceğim.' " [1] [2]

Ebu Bekir (ra), mesele *"Allah'ın dini"* olunca geri kalan her şeyi teferruat görür ve neticesine aldırış etmezdi. İşte böyle olduğu içindir ki malının tamamını gözü arkada kalmadan Rabbinin dinini Hakim kılmak adına ortaya koyuyordu.

Kitaplarımızda anlatıldığına göre o, Rabbi için harcama yaptığında birer birer değil, ikişer ikişer verirdi. Bir istense, bir fazlasıyla tasaddukta bulunarak cömertliğini ortaya koyardı. Aktaracağımız şu rivayet onun bu yönüne işaret etmektedir.

Resûlullah (sav) buyurur ki:

"Kim Allah yolunda bir maldan çift çift verirse Cennet kapısında görevli olan melekler ona: 'Ey Allah'ın kulu! Haydi, gel buradan (cennete gir)' diye seslenir. Ebu Bekir:

— Ey Allah'ın Resûlü! (O zaman) bu asla kaybı olmayan bir alışveriştir, dedi. Bunun üzerine Resûlullah:

— Ben senin onlardan (yani cennetin her kapısından cennete davet edilenlerden) olmanı umuyorum, buyurdu." [3]

Bu gün bazı Müslimlerden bir istense, bin bahane işitilebiliyor. Sanki *"gölge etme, başka ihsan istemez"* sözü

---

1. Ebu Davud ve Tirmizi rivayet etmiştir.
2. Burada Ömer'in (ra) ortaya koyduğu bu fedakârca tavrı da görüp takdir etmemiz gerekmektedir. Onun Ebu Bekir ile girdiği hayır yarışı en az Ebu Bekir'in fedakârlığı kadar önemlidir. Bir insanın malının tamamını değil de, yarısını vermesi bile davasına hizmeti açısından hakikaten takdire şayandır.
3. Buhari rivayet etmiştir.

böyleleri için söylenmiş! Nerede kaldı Ebu Bekir olmak? Nerede kaldı Allah yolunda ikişer ikişer harcamak? Tamam, Ebu Bekir olamayabiliriz; peki, Ebu Bekir gibi de mi olamıyoruz?

Onu örnek almalı ve bu yüce din için bir şeylerimizi çekinmeden harcamalıyız. Allah bu ümmete Ebu Bekir'i örnek alacak yiğitler nasip etsin. (Allahumme âmin)

Osman da *(ra)* öyleydi...

O da bu kervanın kutlu yolcularındandı. Mal ile cihad nasıl yapılır, bu dine para ile nasıl hizmet edilir, bunu fiilî olarak bize gösteren ender şahsiyetlerdendi. Hatırlarsanız, önceki bölümlerde onun Rûme Kuyusu'nu satın alarak Müslimlerin su ihtiyacını nasıl karşıladığına işaret etmiş ve bu ameliyle cenneti nasıl hak ettiğini zikretmiştik. Tebuk Seferi'ne gidilirken de benzeri bir fedakârlık ortaya koyduğunu anlatmış ve ordunun teçhiz edilmesinde en büyük katkıyı sağlayarak mal ile cihadın nasıl olacağını fiili olarak bize öğrettiğini ifade etmiştik. Onun tüm bu fedakârlıkları karşısında Efendimiz ne diyeceğini bilememiş ve en sonunda onun için şöyle dua etmişti: *"Allah'ım! Ben Osman'dan razıyım, Sen de razı ol"*

Talha b. Ubeydullah da *(ra)* davasına malıyla hizmet etmede eşsiz şahsiyetlerdendi. Kaynaklarımızda nakledildiğine göre o; yetimleri gözetir, fakirlerin ihtiyaçlarını görür, biçarelere yardım eder, muhtaçlara para verirdi. Garibanları evlendirir, borçlularının borcunu kapatırdı. Tüm bunları, Allah'ın kendisine vermiş olduğu malın hakkını ödemek, malı ile cihad etmek ve Rabbinin rızasını kazanmak için yapardı.

Bu noktada sahabenin fedakârlıkları inanın anlatmakla bitmez.

Şeyh Yusuf Kandehlevi'ye ait olan *"Hayatu's-Sahâbe"*

adlı eserin *"Sahabenin Allah Yolunda Mallarını Harcaması"* adlı bölümüne baktığınızda, onların bu konuda nasıl bir özveri ve diğergamlık ortaya koyduğunu rahatlıkla görebilirsiniz.

Bugün Müslimler, İslamî çalışmalar ortaya koyan kardeşleriyle *"duygu"* anlamında her daim beraberler. Bunda şüphe yok. Ayrıca duaları da onların üzerinde... Bunda da en ufak şüphemiz yok. Ama şunu belirtelim ki, duygu anlamındaki bu beraberlikleri maddi güçle desteklenmediği sürece İslami çalışmalar istenen düzeye gelmemekte, kâfirlerin belini kıracak bir güce ulaşmamaktadır. Bu demek değildir ki her şey maddedir.

Asla!

Bizim böyle bir inancımız yok. Allah'ın yardımı olmadan dünyanın tüm gücü elimizde olsa bile, biz asla başarıya ulaşamaz, hiçbir ciddi çalışmaya imza atamayız. Bu, bizim iman ettiğimiz en temelli gerçeklerdendir. Lakin şu da inkâr edilemez bir gerçektir ki, İslam geldiği günden şu an'a dek geçirdiği her safhasında Allah'ın yardımı yanında bir de Müslimlerin gücü sayesinde ilerlemiştir. Bu kutlu seyri az-biraz inceleyenler bu gerçeği rahatlıkla görebilirler. İslam tarihinin hiçbir savaşı salt duygularla, hamaset dolu kelimelerle ve tahrik edici cümlelerle kazanılmamış, düşmanlar bu tarz şeylerle bertaraf edilmemiştir. Bilakis onların hezimete uğratılmaları Allah'ın yardımı başta olmak üzere Müslimlerin cehd-u gayretleriyle olmuştur. Bu nedenle Müslimlerin öncelikle bu gerçeği içselleştirmeleri, daha sonra da ellerini ceplerine atarak iman ettikleri davanın ileriye götürülebilmesi için gayret sarf etmeleri gerekmektedir.

Bunun yanı sıra İslam'ı yarınlara taşıma yükünün Müslimlerden bir gurubun üzerine yıkılıp, diğerlerinin buna sadece *"seyirci"* olmalarının yanlışlığı, bilmem izaha gerek duyar mı?

Bu dava hepimizin davası ise bu davaya kolektif bir şekilde yardım ederek 'ensarullah' olma şerefine nail olmalıyız.

❊ ❊ ❊

Konumuz mal ile cihad...

Bu konu, fıtraten mala sevdalı olan insanoğlu için gerçekten çok zor bir konu. Yazması da zor, okuması da zor, amel etmesi de zor... Ama kolay, Allah'ın kolaylaştırdığı olduğu için O'ndan yardım dileyerek bu konuda üzerimize düşen şeyleri konuşmamız, yapmamız gereken şeyleri de yapmamız gerekmektedir.

Dediğimiz gibi mal ile cihad konusu fıtraten mala sevdalı olan insanoğlu için gerçekten çok zor bir konudur. Çünkü fıtratlar onun sevgisi üzere yaratılmıştır. Biz bu konuya ilişkin ne kadar hamasetli, süslü ve yaldızlı sözler söylesek, ne kadar kardeşlerimizi mallarıyla cihad etmeye teşvik etsek de, insan, nefsiyle başa başa kaldığı ve fıtratıyla yüzleştiği zaman mala olan baskın sevgisinden dolayı imtihanı kaybedebilmekte, üzerine düşen görevleri ihmal edebilmektedir.

İnsanların mal sevgisine tutkun olmaları şaşılacak ve kınanacak bir şey değildir aslında. Çünkü onları bu tabiat ile yaratan onların sahibi olan Allah'tır. O Allah, imtihanlarını daha kolay atlatmaları için evvelemirde insanoğlunun bu duygusunu Kitabında dile getirmiş, birçok ayetiyle hem mala hem de dünyalıklara tutkun olduklarını onlara hatırlatmıştır.

"Kadınlar, evlatlar, kantar kantar altın ve gümüş, besili atlar, hayvanlar ve ekinlerden oluşan şehvetlerin sevgisi

insanlara süslü gösterildi. Bu, dünya hayatının (kendinden faydalanılan geçici) metaıdır. (Ebedî ve hakiki nimetlerin olduğu) güzel dönüş, Allah katındadır." [1]

"Malı da aşırı bir sevgiyle seversiniz." [2]

Allah, *"Malı da aşırı bir sevgiyle seversiniz."* demişse, birilerinin çıkıp da *"Biz malı sevmiyoruz."* demesi kadar abes bir şey olamaz.

Yaratan bilmez mi?

Eğer O, seviyorsunuz, hem de pek aşırı bir şekilde seviyorsunuz, demişse iş bitmiş, söylenecek sözler tükenmiştir. Bunun üzerine söylenecek her türlü söz laf-ı güzaf olacaktır.

Resûlullah da (sav) bu hakikati tıpkı Kur'ân'ın vurguladığı gibi ifade etmiş ve bu konuda biz Müslimlerin bu hakikati bilmelerini istemiştir. O, şöyle buyurur:

"İnsanoğlunun bir vadi dolusu altını olsa, bir vadi daha olmasını ister. İnsanoğlunun karnını topraktan başka bir şey doyurmaz. Ve Allah tevbe edenlerin tevbesini kabul eder." [3]

İnsanoğlu gerçekten de malı çok sever. Onun malı çok sevdiği hem şer'i nasslarla hem de pratik hayatla ispatlıdır. Şer'i nasslardan bir kaçını biraz önce zikrettik. Pratik hayata gelince;

• Kişinin sırf mal kazanıp biriktirmek için bazen rahatını terk etmesi,

• Bazen konumunu, itibarını ve makamını zedeler tarzda davranışlar sergilemesi,

• Bazen özgürlüğünü tehlikeye atması,

---
1. 3/Âl-i İmrân, 14
2. 89/Fecr, 20
3. Müslim rivayet etmiştir.

- Bazen yalan söylemesi,
- Bazen insanlarla arasına barikatlar koyması,
- Bazen kardeşlerini terk etmesi,
- Bazen arkadaşlarından uzaklaşması,
- Bazen eşini ve oğullarını küstürmesi,
- Bazen de hayatını tehlikeye atması, malın ona ne kadar sevimli olduğunun açık birer göstergesidir.

İnsan, mal elde etme veya elde ettiği malı muhafaza etme adına kalkar ve tüm bu sayılanları riske atar. Bu da malın ona çok sevimli olduğunun bir göstergesidir. Mal hakikaten de insanoğluna sevdirilmiştir. Hatta bazen malı, neredeyse canından bile değerli oluverir ona. Sırf onu artırmak için kendisini tehlikelerin önüne atar, bela ve musibetlere dalar, başına gelecek acıları göz ardı eder. Mesela, bir şoför düşünün. Bu şoförün uykulu bir şekilde ve kaza yapma ihtimali çok yüksek olduğu hâlde araç kullanması ne ile izah edilebilir? Veya bir casus düşünün. Bu casusun zann-ı galiple öleceğini bildiği hâlde düşman saflarında bulunması ne ile açıklanabilir? Ya da kalp hastası olan birisini düşünün. Bu adamın yasak olmasına rağmen kalbini yoracak şekilde çalışması nasıl tavzih edilir?

Bütün bunlar sadece üç-beş kuruş daha fazla kazanmak için değil midir?

O hâlde şunu tekrar ifade edelim ki mal, insanoğluna canını tehlikeye arz edecek kadar çok sevdirilmiştir.

Laf buraya geldiğinde şu soruyu sormadan edemeyeceğiz: Acaba Allah neden bizlere malı çok sevdirmiştir ve niçin mala meyyal bir yapıda bizleri yaratmıştır?

Bu sorunun cevabı tek kelimeyle şudur: İmtihan gereği...

Allah, sırf bizleri imtihan etmek için böylesi bir tabiatta

yaratmıştır. Bu imtihanın neticesinde acaba kulları fıtraten çok düşkün oldukları malı mı daha çok sevecekler, yoksa kendisini ve insanlık için seçmiş olduğu dinini mi?

Hangisini?

İşte bunu açığa çıkarmak için insana önce malı sevdirmiş, ardından da onu o malla imtihan etmiştir.

Eğer Allah, kendi davası için nefse basit gelen bir şey isteseydi, yalancılar da sadıklar da bu imtihandan başarıyla çıkar ve herkes bir şeylerini bu davaya takdim ederek imtihanını kolayca geçerdi. Ama Allah gerçek dava âşıklarını görmek için nefse çok ağır gelen bir şeyle onları imtihan etti ki bu sayede kim sadık kim kâzip ortaya çıksın.

İslam'a Hizmette Malla Cihad, Canla Cihaddan Daha Önceliklidir

Kur'ân'da tam on ayette malla cihad, canla cihadla yan yana zikredilmiştir. İlginçtir ki bunlardan bir tanesi hariç, her birinde mal ile cihad, can ile cihadın önünde zikredilmiştir. Biraz sonra farklılık arz eden o bir yerin hikmetini anlatmaya çalışacağız; ama öncesinde gelin, bu ayetlerden birkaç tanesini zikrederek konuyu daha canlı bir hâle getirelim. Rabbimiz buyurur ki:

"Müminler ancak o kimselerdir ki Allah'a ve Resûlü'ne iman etmiş, sonra da şüpheye düşmeden Allah yolunda malları ve canlarıyla cihad etmişlerdir. Bunlar, sadık olanların ta kendileridirler." [1]

"İman eden, hicret eden, Allah yolunda malları ve canlarıyla savaşan kimseler Allah katında en büyük dereceye sahiptirler. İşte bunlar, kurtuluşa erenlerin ta kendileridirler." [2]

---

1. 49/Hucurât, 15
2. 9/Tevbe, 20

"Fakat Resûl ve onunla beraber iman edenler, Allah yolunda malları ve canlarıyla savaştılar. İşte bunlara çokça hayırlar vardır. Ve bunlar, kurtuluşa erenlerin ta kendileridir." [1]

Görüldüğü üzere bu ayetlerde malla yapılacak cihad canla yapılacak cihaddan önce zikredilmiş. Bu manada daha birçok ayet vardır. Mesela Tevbe Suresi 41, 44 ve 81; Saff Suresi 11; Nîsa Suresi 95 ve Enfâl Suresi 72. ayet bu manadaki diğer ayetlerdir.

Tüm bu ayetlerde mal, cana takdim edilerek adeta şu mesaj verilmek istenmiştir: Ey Müslimler! Bu davaya hizmette mala duyulan ihtiyaç cana duyulan ihtiyaçtan çok daha öncelikli ve çok daha fazladır. Bu nedenle dininize hizmet ederken malınızla cihadı, canınızla cihadın önüne almalı ve mal konusunda daha cömert davranmalısınız.

Evet, bu ayetlerde âdeta bu mesaj verilmek istenmiştir.

Ayetleri dikkatlice incelediğimizde onların tamamında malın candan önce zikredildiğini ve müminlerin, davaları uğrunda canlarından önce mallarını feda etmek zorunda olduğunu görürüz. Bu, gerçekten de dikkate şayan bir husustur. Acaba neden Allah hep malla cihadı canla cihadın önünde zikretmiş ve müminlerin, davaları için mallarını canlarından önce feda etmeleri gerektiğini belirtmiştir?

Bunun birçok cevabı vardır; ama buna verilebilecek en pratik cevaplar şunlardır:

• Öncelikle bu davanın diğer insanlara hakkıyla ulaştırılabilmesi candan önce malla mümkündür. Mal olmadan istenildiği kadar can ortaya konsun davet bihakkın yerine getirilemeyecektir. Çünkü davetin yayılabilmesi ve diğer insanlara tebliğ edilmesi için *"vasıtalara"* ihtiyaç vardır. Bunlar dün farklıydı, bu gün farklı. Ama hepsinin ortak

---

[1]. 9/Tevbe, 88

özelliği bunların ancak mal ile temin edilebilir olmasıdır. İşte bu nedenle ayetlerde mal candan önce zikredilmiştir.

• Can ile cihadın gerçekleşebilmesi ancak mal ile mümkündür. Silahı, korunakları ve teçhizatı olmayan bir insan nasıl canını ortaya koyabilir, nasıl düşmanıyla karşı karşıya gelebilir ki? Canını ortaya koyabilmesi için önce silaha ve teçhizata ihtiyacı vardır. Bu da yine ancak mal ile mümkündür.

• Mal, insanoğluna aşırı bir şekilde sevdirilmiştir. İnsan bazen malı için nefsini ve onurunu ayaklar altına alabilir. Yani malı ile nefsi karşı karşıya geldiğinde, malını kaybetmeme adına nefsini çiğner, ayaklar altına alır. Mesela, makam sahibi birisini düşünün. Birileri kendisinden malını istediğinde sırf malını vermemek için ağız eğer, tevriye yapar, yalan söyler... İtibarını ayaklar altına alma pahasına malından vazgeçmez. Oysa itibar çok önemli bir meseledir. Ama mal sevgisiyle yan yana geldiğinde insan, malını nefsinin heveslerine takdim eder.

• Yine mal, üstte de ifade etmeye çalıştığımız gibi insana çok sevdirilmiştir. İnsan malına zarar gelmesin diye canını bile tehlikeye atar. Üstte verdiğimiz şoför, casus ve kalp hastası örneğini tekrar düşünelim... Bunlar ne için canlarını tehlikeye atıyorlar? Sırf daha çok kazanmak veya kazandıklarını muhafaza etmek için. Canı riske atmak söz konusu olsa bile, malı muhafaza etmek gerektiğine göre malın candan önce zikredilmesi çok anlamlıdır.

Bu saydıklarımız bir anda akla gelen cevaplardır. Kur'ân'da malın candan önce zikredilmesinin başka sebepleri de vardır. Burayı cevaplandırdığımıza göre şimdi canın maldan önce zikredildiği tek ayet olan Tevbe Suresi 111. ayeti ve bu ayette neden canın maldan önce zikredildiğinin gerekçesini izah etmeye geçebiliriz. Öncelikle ayetin mealini verelim. Rabbimiz buyurur ki:

"Şüphesiz ki Allah, cennet karşılığında müminlerden canlarını ve mallarını satın almıştır. Allah yolunda savaşır, öldürür ve öldürülürler. (Bu) Tevrat, İncil ve Kur'ân'da Allah'ın hak olan vaadidir. Kim Allah kadar sözüne bağlı olabilir ki? (O hâlde) yaptığınız bu alışverişten dolayı müjdelenin. En büyük kurtuluş budur işte!" [1]

Dikkat edileceği üzere Kur'ân'da her yerde malla cihad canla cihadın önünde zikredildiği hâlde bu ayette alışılagelenin tam aksine can, malın önünde zikredilmiştir.

Acaba bunun hikmeti nedir?

Neden Allah burada böyle bir farklılık yapmış ve malum olanın aksine canı maldan önce zikretmiştir?

El-cevap: Bilindiği üzere insan için en değerli şey, hiç kuşkusuz onun *"canı"*dır. Her ne kadar bazı zamanlar malı öncelese, mal elde etmek için canını tehlikeye atsa da iş ciddiyete bindiğinde canını her şeye takdim eder ve onu muhafaza için gerektiğinde tüm malından feragat eder. Allah (cc) bu ayette mü min kullarıyla bir alış-veriş yapmaktadır. Öyle bir alış-veriş ki, dünya böylesine büyük ve pahalı bir alış verişe şahit olmamıştır. Bu alış verişte âlemlerin Rabbi olan Allah kendi katındaki en değerli şeyini ortaya koyup, iman eden kullarından da sahip oldukları en değerli şeyi vermelerini talep etmiştir. Bu alış veriş dünyadaki en değerli ticaret olduğu için *"en değerlilerin"* ortaya konması gerekmektedir. Allah tarafından ortaya konan en değerli şey cennet; müminler tarafından ortaya konan en değerli şey de onların canlarıdır. İşte, her iki taraf için de en değerli olanlar ortaya konduğundan dolayı bu ayette can ile cihadın mal ile cihaddan önce zikredilmesi münasip olmuştur.

Normal şartlarda Allah (cc), mümin kullarının mallarıyla

---

1. 9/Tevbe, 111

cihad etmelerini, canlarıyla cihad etmelerinden önde tutmuş ve sayısız ayetinde zımnen bunun gerekliliğini ifade etmiştir. Ama iş *"en değerli"* olan şeylerin ticaretine gelince, bir anda sıralama değişmiş ve bu sefer can malın önüne takdim edilmiştir.

İşte bazı âlimlerimizin zikrettiği bu ince nükteden dolayı Kur'ân'ın sadece bir yerinde canla cihad malla cihaddan önce gelmiştir. Burayı iyi anlayan kimse Kur'ân'da malla cihadın neden sürekli canla cihada takdim edildiğini, neden hep malla mücadelenin ısrarla canla yapılacak mücadeleden önce vurgulandığını iyi kavrar. Bu gerçeği iyi idrak edenler de buna göre bir yol belirleyerek davasına daha aktif bir şekilde hizmet ederler.

Allah Bizden Borç İstiyor

Allah, borç almaktan en müstağni zat olduğu hâlde, maddeye hiçbir surette ihtiyaç duymadığı hâlde bizden borç istiyor. Bizi imtihan etmek, nefislerimizdeki cimriliği gidermek, doğrularla yalancıları ayırt etmek ve davasını bizim elimizle yüceltmek için bizden ödünç istiyor.

Allah hiç borç ister mi diye gelebilir akla.

Elbette ister!

Bakınız Kitab-ı Kerimi'nde ne buyuruyor:

"Allah'a güzel bir borç verip de Allah'ın ona kat kat fazlasını vereceği o (bahtiyar) kimdir? Ve onun için değerli bir mükâfat vardır." [1]

Eğer biz Rabbimizin bu emrine icabet edip dünyadayken O'nun davası yüce olsun diye O'na borç verirsek, O da kıyamet günü geldiğinde bu borcunu fazlasıyla, kat kat ziyadesiyle veya –tabiri caiz ise– faiziyle bize geri ödeyecektir.

---

1. 57/Hadid, 11

Bilmek gerekir ki faiz biz insanlar arasında haram kılınmıştır. Allah için böylesi bir şey söz konusu değildir. Bu nedenle Allah dünyada kendisine borç verenlere borcunu faiziyle, yani kat kat fazlasıyla ödeyecektir. O hâlde daha fazlasını almak üzere niye Allah'a borç vermiyoruz ki?!

"Sahabeden Ebu Dahdah isminde bir zat vardı. Allah kendisinden razı olsun bu zat Hadîd Suresi'nin 11. ayeti veya diğer bir rivayete göre Bakara Suresi'nin 245. ayeti nazil olunca Allah Resûlü'nün yanına gelerek:

— Ya Resûlallah, Allah gerçekten bizden borç mu istiyor? dedi. Resûlullah:

— Evet, ey Ebu Dahdah, buyurdu. Ebu Dahdah:

— Ey Allah'ın Resûlü elini bana gösterir misin? dedi.

Resûlullah elini ona doğru uzattı. (Elini, elinin içine alarak)

— Ben, içerisinde altı yüz hurma ağacı bulunan şu bahçemi Rabbime borç olarak verdim, dedi...

Hanımı Ummu Dahdah ve çocukları o an içi o bahçede idiler. Ebu Dahdah yanlarına gelip hemen hanımına:

— Ey Dahdah'ın annesi, dedi. Kadın:

— Buyur, diye karşılık verdi. Ebu Dahdah:

— Haydi, dışarı çıkın; çünkü ben bu bahçeyi Aziz ve Celîl olan Rabbim'e borç olarak verdim, dedi. Bunu duyan hanımı:

—Ebu Dahdah! Alış verişin kârlı olsun, dedi sonra da eşyasını ve çoluk çocuğunu oradan taşıdı.

Bu olaydan sonra Resûlullah:

'Ebu Dahdah için cennette ne büyük ve ne ağır hurma salkımları vardır.' buyurdu.

Bir başka rivayette ise Resûlullah'ın:

Ebu Dahdah için cennette kökleri inci ve yakuttan olan aşağı doğru sarkmış nice hurma ağaçları vardır." dediği nakledilmiştir.[1]

Sahabe, Rablerinin emrine anında teslim oluyor ve Allah'ın buyruklarını bir an olsun geciktirmeden pratiğe döküyorlardı. İşte Ebu Dahdah (ra) bunun canlı bir örneğidir. Biz de onlar gibi olmalı ve davamıza hizmette kendimizi onlara benzetmeliyiz.

Burada son olarak bir şey daha söyleyerek konumuzu noktalandırmak istiyoruz: Bu dine hizmet için ille de zengin olmaya gerek yoktur. Çünkü mal ile cihad sadece zenginlerin görevi değildir; aksine zengin-fakir her Müslimin yapabileceği bir görevdir. Buna göre bir Müslim elindeki birkaç lirasıyla bile bu davaya hizmet edebilir. Hem de çok güzel hizmet edebilir. *"Hocam, birkaç liradan ne olur ki!"* demeyin; eğer Allah ona bereket verir ve katında kabul buyurursa, nice zenginin milyarlarından daha faydalı hâle gelir.

"Resûlullah buyurur ki:

— Bir dirhem, yüz bin dirhemi geçti!

Buna şaşıran Ashab-ı Kiram:

—Ya Resûlallah, bir dirhem nasıl olur da yüz bin dirhemi geçer, diye sordular.

Resûlullah onların bu sorusuna şöyle cevap verdi:

— Bir adamın (sadece) iki dirhemi vardı, tuttu onlardan birisini sadaka olarak verdi. Diğer adamın ise birçok malı vardı, onun içinden yüz bin dirhem alıp sadaka verdi. (İşte böylece bir dirhem, yüz bin dirhemi geçmiş oldu.)" [2]

---

1. Taberani rivayet etmiştir. Bk. *Tefsiru'l-Kur'ân'i-Azîm*, 8/14.
2. Hakim rivayet etmiştir.

Bir hadisinde de Resûlullah (sav) şöyle buyurur:

"Yarım hurma ile bile olsa ateşten korunun." [1]

Ateşten korunmak için tomar tomar paraya ihtiyaç yoktur. İnsan, bir lira bile etmeyen küçük bir hurmanın yarısını ihlasla infak ederek ateşten korunabilir. İşte bu nedenle önemli olan çok çok paralar harcamak değil; Allah'ın rızasını gözeterek nitelikli, ihlaslı ve yerli yerince paralar harcamaktır. Bu gerçekleştiğinde verilenin az olmasının veya çok olmasının öyle ciddi bir önemi yoktur. Allah onu kabul edecek ve daha güzel bir günde ödemek üzere katında saklayacaktır.

Ne mutlu elinde avucunda olanla davasına hizmet etmeyi becerebilen ve onları hak uğrunda sarf ederek malı ile cihad edenlerden olabilenlere!

❋   ❋   ❋

Değerli tacir kardeşim, sen yapmış olduğun ticaretinle muhakkak davana hizmet etmeyi bilmelisin. Bu noktada ister aylık gelirinin belirli bir yüzdesini ayırarak, ister ihtiyaç anında vererek, istersen de kendinin belirleyeceği bir programa uyarak infakta bulunabilirsin. Ama önemli olan malıyla Allah yolunda cihad edenlerden olarak kayıtlara geçmendir. Kayıtlara böyle geçerek Allah'ın uçsuz bucaksız o güzelim cennetlerine talip olduğunu fiilen ispatlamalısın.

"İşte sizin durumunuz budur: Allah yolunda infak etmeye çağrılmaktasınız, içinizden bazıları cimrilik etmektedir. Kim de cimrilik ederse ancak kendi aleyhine cimrilik etmiş olur. Allah, (kimseye muhtaç olmayan, her şeyin kendisine muhtaç olduğu) El-Ğaniy'dir. Muhtaç olanlar sizlersiniz. Şayet yüz çevirirseniz (sizin yerinize) başka

---

1. Buhari ve Müslim rivayet etmiştir.

bir kavim getirir, sonra (onlar) sizin gibi de olmazlar. (Allah'a itaat ederler.)" [1]

22. Haramlardan Sakın, En Abid Kul Olursun

Öyle bir çağda yaşıyoruz ki, dinine önem veren insanların bu çağda para kazanmayı bir kenara bırakıp tamamen dinlerine hizmete yönelmeleri, Allah'ın rahmet ettiği bazı kullar müstesna neredeyse mümkün değil. Kapitalizmin baskıcı ve ahtapot gibi her tarafı kuşatmış uygulamaları nedeniyle bu insanlar istemeyerek de olsa maddeye mahkûm edilmiş durumda. Kira, faturalar, ev ihtiyaçları, kurs masrafları, çocukların giderleri derken insanları tıpkı köleler gibi çalışmak durumunda bırakılıyorlar. Sabah saat altı-yedi gibi evden çıkıyor, akşam ise ancak yatsı ezanlarıyla evlerine dönüyorlar. Eve geldiklerinde de yemeklerini yiyor, çaylarını içiyor ve bir sonraki gün işlerine vaktinde uyanabilmeleri için hemen yatağa giriyorlar. Hatta bundan dolayı aileleriyle bile gereği gibi ilgilenemiyorlar.

Bunun yanı sıra çalışırken görüp şahit oldukları haram ve masiyetler de onları son derece bezdiriyor ve fıskın ayyuka çıktığı bu toplumda yaşamaktan artık neredeyse yaka silkeleyecek hâle geliyorlar. Ve maalesef bu karamsar manzara karşısında *"Biz kim, takvalı kullardan olmak kim!"* demekten kendilerini alamıyorlar.

Evet, üzülsek de, kabul etmek istemesek de Türkiye'nin hazin manzarası bu şekilde!

Bu hazin durum sadece sıradan dindar halkı değil, aynı zamanda Allah'ın dinine mutlaka hizmet etme zorunluluğu olduğu bilincine sahip olan biz muvahhidleri de pençesine almış durumda. İşte bu zorluklar içerisinde oturup bol bol Kur'ân okumak, uzun uzun namaz kılmak, saatlerce

---
1. 47/Muhammed, 38

Allah'ı zikretmek, derin derin tefekküre dalmak, dinimizi tebliğ etmek için yollara koyulmak ve benzeri vakit isteyen ibadetleri yerine getirmek her muvahhidin gönlünde bir *"uhde"* olarak kalıyor. Gönüllerinde yatan bu isteği hayatın yoğunluğu içerisinde bir türlü yerine getiremiyorlar. Yerine getirmeyince de bir süre sonra gevşiyor, kendilerini salıyor ve *"Nasıl olsa ben bu ibadetleri hakkıyla yapamayacağım"* diyerek ümitsizliğe kapı aralıyorlar. Daha sonra da yarı yolda yelkenleri suya indiriveriyorlar.

Böylesi pozisyonlarda bir Müslim'in ibadet ve taatleri hakkıyla yapamıyorum diye kendisini salıvermesi asla doğru değildir. Böylesi bir hâl içinde olanların biraz sonra zikredeceğimiz şeyi yapmaya çalışmaları inşâallah kendilerini ibadet ehli olan insanlar gibi yüksek derecelere ulaştıracaktır.

Burada şunu vurgulamamız gerekir ki, hakiki manada ibadet ehli olmanın, yani *"abid"* olmanın yolu sadece nefsi ibadetlere vermekten geçmez. Abid olmanın daha etkin bir yolu daha vardır ki, o da insanın kendisini Allah'ın yasaklarından alıkoyması, haramlarla arasına kalın ve engin duvarlar çekmesidir. Zaten bu olmadan zühdden de, takvadan da veya hakiki manada kulluktan da söz etmek mümkün değildir. Değerli tacir kardeşim, eğer senin de durumun üstte zikrettiğimiz insanların durumuna benziyor ise, yani sen de yoğunlukların, işlerin ve meşguliyetlerin nedeniyle hakkıyla ibadet yapamadığına, gereği gibi abidane bir hayata sahip olmadığına inanıyorsan o zaman şu yazacaklarımıza pür dikkat kesil. Çünkü söyleyeceklerimiz tam da senin gibi kardeşlerimiz için. Ama öncesinde bir hakikatin altını kalın çizgilerle çizmemiz gerekiyor; ta ki bu durumda mesele daha iyi anlaşılsın, konunun ehemmiyeti daha iyi kavransın.

Şunu hiçbir zaman aklından çıkarma ki, gerçek manada *"abid"* olabilmek için çokça ibadet etmekten ziyade, çokça haramlardan sakınmak gerekir. Evet, çok çok ibadet etmek değildir gerçek abidlik. Asıl abidlik Allah'ın haram kıldığı şeylerden çok çok sakınabilmektir. Çünkü Allah'ın yasaklarından ve ma'siyetlerden sakınmayan bir kul ne kadar namaz kılarsa kılsın ne kadar oruç tutarsa tutsun ne kadar gece namazı veya zikir gibi ibadetlerle meşgul olursa olsun asla takvanın gerçek mertebesine erişemeyeceği için hakiki manada *"abid"* de olamayacaktır. Elbette ibadet olmadan abid olunmaz; bu ayrı bir konu. Ama bunun kemaline erişmek için farzları yerine getirmenin yanı sıra, bir de Allah'ın razı olmayacağı amelleri, meşguliyetleri veya daha genel bir ifadeyle bilumum *"haramları"* terk etmek ve onlardan uzak durmak gerekir. Bu olmadan asla *"abid"* olmaktan söz etmek mümkün değildir.

Bu dediğimiz birilerine biraz ilginç gibi gelse de Allah Resûlü'nün *(sav)* sözlerine baktığımızda bunun kesin böyle olduğu net bir biçimde karşımıza çıkar. O, Ebu Hureyre'ye *(ra)* yaptığı tavsiyesinde bu gerçeği şöyle ifade etmiştir:

اِتَّقِ الْمَحَارِمَ تَكُنْ أَعْبَدَ النَّاسِ

"Haramlardan sakın, insanların en abidi olursun..." [1]

Allah Resûlü *(sav)* bu sözüyle sahabisine adeta şunu demek istemişti: Ey Ebu Hureyre! Abid olmak için çokça ibadet edemeyebilir, bol bol nafilelerle uğraşamayabilirsin; ama günlük hayatında, insanlarla ilişkilerinde veya çarşı pazarlarda çevirdiğin ticaretinde Allah'ın haramlarından sakınırsan, inşâallah sen insanlar içerisinde senin gibi olmayanlara karşı manen üstünlük sağlar ve Allah katında en çok ibadet eden kimselerden sayılırsın.

Bu bağlamda Aişe annemizin de *(r.anha)* benzer bir sözü nakledilmiştir:

---

1. *İmam Ahmed ve Tirmizi rivayet etmiştir.*

"İbadetle yorulanları geçmek kimi sevindirirse, günahlardan vazgeçsin." [1]

Tabiinin büyüklerinden Hasan-ı Basri de *(rh)* şöyle der:

"Âbidler, Allah'ın yasakladığı şeyleri terk etmekten daha faziletli bir şeyle (Allah'a) ibadet etmiş değillerdir." [2]

Tüm bu nakiller gerçek ibadetin Allah'ın yasaklarından sakınmak olduğunu, Allah'ın yasaklarından sakınmayanların asla gerçek anlamda kulluk makamına ulaşamayacaklarını göstermektedir. Birilerinin zannettiği gibi abid olmak için sadece sarık takmaya, cübbe giymeye veya bir zaviyeye çekilip nafilelerle meşgul olmaya gerek yoktur. Bunları yapamasan da, haramlardan sakındığında bunların hepsinden daha sevimli bir şeyle Rabbine kulluk etmiş olursun.

İşte meseleye bu açıdan baktığında ticaret hayatında Allah'ın yasaklarından sakınmanın ne kadar önemli olduğunu anlamış olursun. Konumuzun girişinde atıfta bulunduğumuz insanlar meseleye bu zaviyeden bakmayı bir becerseler, çokça ibadet eden kardeşleri gibi olamadıkları için manevi buhrana düşmekten veya kalben sıkıntıya maruz kalmaktan kendilerini kurtarmış olurlar. Zira bir insan Allah katındaki hâlinin razı olunan bir hâl olduğunu bildiği anda gönlü rahatlar, kalbi genişler, içine mutluluk ve huzur gelir. Ayrıca içini içten içe kemiren sıkıntı ve kederleri de sona erer. Burada önemli olan yaptığı iş ile Allah'ın rızasına erdiğini bilmiş olmasıdır. Bunu bildiği anda mutluluk kendisinden bir adım ötededir.

İşte ey tacir kardeşim, işim gereği çok ibadet edemiyorum, çok namaz kılmaya vakit bulamıyorum, pazartesi perşembe oruçlarına güç yetiremiyorum diye üzülme! Sen ticaretinde Allah'ın razı olmayacağı ve haram kıldığı

---

1. İbn-i Ebi'd-Dünyâ, *Kitabu'l-Vera'*, 4 numaralı rivayet.
2. Age. 8 numaralı rivayet.

şeyleri yapma, Resûlullah'ın sözünden hareketle ben seni temin ederim ki, sen bu durumda bu ibadetleri yaptığı hâlde harama bulaşanlardan daha faziletli konumda bir kul olursun.

Sen sen ol, sakın ha şu fani dünyada üç kuruş daha fazla kazanmak için harama bulaşma! Bil ki gerçek mutluluk ve gönül huzuru ancak Allah'ın yasaklarından sakınmakla elde edilir.

"Haramlardan sakın, insanların en abidi olursun..."

Bu bağlamda sakın ha dükkânında haram olan ürünleri satma. Veya kesin olarak haram olan bir şeye aracılık edecek malları bulundurma!

Buna canlı birkaç örnek verelim ki, mesele daha iyi anlaşılsın. Mesela:

• Eğer market veya bakkal dükkânı işletiyorsan sigara satma.

• Büfeciysen üzerinde kadın suretleri ve banka reklamları gibi haram olan şeylerin bulunduğu gazete ve dergileri satma.

• Fotoğraf dükkânın varsa kadınları veya helal olmayan fotoğrafları çekme.

• Fotokopiciysen haram olan veya harama aracılık edecek olan nesneleri fotokopi yapma.

• Tabelacıysan haram olan suretleri ve küfrün önderi olan kimselerin portrelerini çıkarma.

• Konfeksiyoncuysan üzerinde açık kadınların resmi olan tişörtleri ve kesin haramda kullanılacağını bildiğin elbiseleri satma.

• Çanak anteni takıyor veya tamiratı yapıyorsan, haram

olan film, dizi, belgesel ve haber izleyeceğini tahmin ettiğin kimselerin çanaklarını yapma.

• Fatura ödeme noktası isen günü geçmiş ve faiz tahakkuk etmiş faturaları alma.

• Kitapçıysan, insanların akidelerini ve ahlaklarını bozan kitapları satma.

• Kuaför isen insanların sakallarını kökten kazıma, top sakal çevirme veya Resûlullah'ın yasaklamış olduğu tarzda acîp saç tıraşlar yapma...

Bunlar genelde kardeşlerimizin ticaretlerinde şahit olduğumuz haramlardan bazıları. Sen bunlara daha onlarcasını ve hatta yüzlercesini ekleyebilirsin. Eğer sen insanların en abidi olmak istiyorsan, sakın ha bu tür işlere bulaşma! Haram olan her türlü ticaretten sakın! O zaman işine bir bereket geldiğini ve gönlünün inanılmaz bir şekilde rahatladığını göreceksin.

Rabbim bir an önce bu tür haramlara bulaşmış kardeşlerimizi bu cürümlerden kurtarsın ve yapmış oldukları hataların farkına vardırarak kendilerine bir çıkış yolu ihsan etsin. (Allahumme âmin)

23. Faize Bulaşma!

Tacir kardeşim, laf buraya geldiğinde neredeyse ümmetin her ferdini kapanına düşürmüş olan faiz belasından söz etmemek olmaz. Eğer sen insanların en abidi olmak istiyorsan ticaretinde öncelikle bu çağın musibeti olan faizden ve onun yansımalarından uzak durmalısın.

Üzülerek söylememiz gerekir ki faiz şu memlekette öylesine yayılmış, öylesine çekici, cazibeli ve kolay ulaşılır hâle gelmiş ki, içimizde en iyi bilinen insanlar bile neredeyse kendisini onun çekici gücünden koruyamaz olmuşlar. Eeee, bir memleketin başındaki adamlar faize *"Allah bereket versin. Kullananların sayısını artırsın."* diye dua ederse, o memlekette yaşayan insanların ona meyletmesi ve onun çekiciliğine dayanamaması tabii ki normaldir! Baş nereye çekerse gövde kaçınılmaz olarak onun peşinden gidecektir. İşte bu nedenle hem kendimizi hem de çevremizdeki insanları korumak adına faiz meselesi üzerinde durmalı, onun tehlikesini iyi anlamalı, çekim gücüne kapılmamak için ne gibi tedbirlere başvurmamız gerektiğini bilmeli ve sakınmak için hangi yollara müracaat etmemiz gerektiğini öğrenmeliyiz. Aksi hâlde etrafımızdaki milyonlar gibi bir anda kendimizi onun engin ve kapsamlı deryasında buluveririz de, abid olacağız derken bir anda Allah düşmanı olur ve –neuzubillâh– helakin eşiğine geliveririz. Rabbim hepimizi ve gönlünde azıcık İslam hassasiyeti olan halkımızı bu felaketten muhafaza buyursun.

Faiz konusunda bir şeyler söylemeden önce, hepimizin çocukluğumuzdan beri bildiği ve duyduğu şu rivayeti aktararak konuya giriş yapmak istiyoruz. Efendimiz *(sav)* şöyle buyurur:

"İnsanlar üzerine öyle bir zaman gelecek ki, o zamanda faiz yemeyen kalmayacak. Öyle ki, onu (doğrudan) yemeyene tozundan bir şeyler isabet edecek." [1]

Bu rivayet âlimlerimizin beyanına göre sened yönüyle zayıftır; lakin vakıanın şahitliğiyle görüyor ve tanıklık ediyoruz ki bu hadis mana bakımından doğrudur ve vakıamız aynen onun bildirdiği bir hâle gelmiştir.

Bugün hacısıyla hocasıyla, bileniyle bilmeyeniyle, İslamisiyle gayriislamiyle neredeyse herkes bu pisliğe bulaşmış durumda. Küçük çapta basit bir ticaretle uğraşan bir insan bile, mevcut sistemin insanlara dikte ettiği ticari politikalar neticesinde istemeyerek de olsa zorla bu harama maruz kalmakta ve faizsiz bir ticareti çevirmekte

---

1. *Ebu Davud, Nesaî ve İbni Mace rivayet etmiştir.*

oldukça zorlanmaktadır. Eğer güçlü bir inancı ve Allah'a duyduğu engin bir tevekkülü yoksa behemehâl bu çarka dolanmakta ve bir süre sonra o da faizle muameleye başlamaktadır. Bu nedenle vakıamızı çok iyi tespit ederek ticarete atılmalı, adımlarımızı bu gerçeği göz önüne alarak ötelere atmalıyız. Ticari olarak büyüyüp insanlığa faydalı işler yapacağım derken, bir anda Allah düşmanı bir insan hâline gelmemeliyiz. Faizin tozunun havalarda uçuştuğu şu ilginç çağda ticarî vakıayı çok çok iyi bilerek ve ona göre bir hareket tarzı geliştirerek kendimizi bu toz taneciklerinden koruyabiliriz. Hem bu şekilde helal para kazanma yollarını beraberinde tespit de etmiş oluruz.

Ticaretimizde Neden Faize Düşüyoruz?

Ticaretimizde faize bulaşmanın elbette sayılamayacak kadar çok sebebi vardır. Aşırı para kazanma isteği, müşteriyi geri çevirememe, haramı basite alma, müstakbel endişesi ve Allah'a hakkıyla itimat edememe gibi problemler faize bulaşmanın sebeplerinden bazılarıdır. Ama biz işin en başına inip genelde karşılaştığımız bir probleme temas ederek konuyu ele almak istiyoruz.

Bugün insanlarımız genellikle bir işe başlamadan önce o işin getirisi götürüsü nedir, zararları nelerdir, harama bulaşmak gibi sakıncaları söz konusu mudur bunu araştırmıyor. Böyle olunca da işe girişiyor ve işini ilerlettikten sonra haramlarla yüz yüze kalıyor. Geri adım atmakta zorlanınca da bu sefer başlıyor fetva aramaya! Oysa dinine önem veren bir insanın işe giriştikten sonra değil, işe başlamadan önce işinin sakıncalarını ve onun için çözüm yollarını araştırması gerekir. İşe giriştikten sonra geriye dönmek hakikaten çok zordur. Ali'ye (ra) nispet edilen bir sözde o oğullarına nasihat ederken şöyle demiştir:

"Sapa olmasından korktuğun yoldan geri dön. Çünkü isabetini kestiremediğin için baştan geri dönmen, yola

çıkıp korkunç musibetlere uğramandan daha hayırlıdır."

Ey tacir kardeşim! Bir kardeşin olarak sana şunu tavsiye ederiz: Eğer başlayacağın ticaret faize bulaşmadan çok zor dönüyorsa ve sen de nefsine güvenme noktasında kendini zayıf hissediyorsan, bu durumda sakın ha o işe girişme. Ali'nin (ra) dediği gibi, nasıl sonuçlanacağını kestiremediğin için baştan geri dönmen, yola çıkıp korkunç musibetlere uğramandan daha hayırlıdır. Kendine daha hayırlı rızık kapıları ara. Başka işlere bak. Rabbini razı edeceğini umduğun helal işlere tevessül et. Böyle yaptığında gönlünün mutlulukla dolmasının yanı sıra kazandığın paranın da bereketini görürsün inşallah.

Faiz En Büyük Haramlardandır

Allah'ın haram kıldığı elbette birçok günah vardır; ama bunların içerisinde öyleleri var ki, bunlar Efendimizin diliyle *"helake götüren günahlar"* olarak nitelendirilmiştir. Yani günahın hepsi kötüdür, ama şunlar hepsinden daha da kötüdür. Ve aynı zamanda bunlar helak edicidir!

Peki, nedir onlar?

Şimdi gelin, Ebu Hureyre (ra) hadisinde bunların neler olduğunu görelim.

"Nebi ashabına:

— Helak edici yedi şeyden uzak durunuz, buyurdu. Bunun üzerine onlar:

— Ya Resûlallah! Onlar nelerdir, diye sordular. Efendimiz:

1. Allah'a şirk koşmak,

2. Sihir yapmak,

3. Haklı olmanın dışında Allah'ın haram kıldığı cana kıymak,

4. Faiz yemek,

5. Yetimin malını yemek,

6. Düşmanla karşı karşıya iken savaştan kaçmak ve

7. Zinadan korunmuş saf mümin kadınlara zina iftirasında bulunmaktır, buyurdu." [1]

Bir Müslim'in tüm günahlardan uzak durmayı kendisine en büyük vazife bilmesi gerekir; ama bu günahlar *"helake götürücü"* ise o zaman onlardan sakınması ve uzak duruşu daha da etkin olmalıdır. İşte faiz bu helak edici günahlardandır. Bu gün ümmetimizin, tarihin hiçbir döneminde görülmemiş bir şekilde Allah'ın rahmetinden uzaklaşmasının ve bin bir türlü fitnelere maruz kalmasının temelinde belki de bu günahlara müptela olmasının büyük etkisi vardır. Bu ümmet, Efendimizin de belirttiği gibi[2] normal şartlarda kendisine rahmetle muamele sözü verilmiş *"ümmet-i merhûme"*dir. Ama bakıyoruz ki tevhid ehli olduğu hâlde Allah'ın rahmetinden daha çok, Allah'ın gazabına yakın duran insanlar var. Ve bu insanların sayısı hiç de azımsanmayacak kadar fazla. Bu nedenle şöyle durup bir düşünmeli ve acaba Allah'ın rahmetinin gelmemesinde bizim helak edici günahlara bulaşmamız söz konusu mu diye bir iç muhasebe yapmalıyız.

Siz de müşahede etmişsinizdir ki, yaşadığımız coğrafya ve vakıa itibariyle bizim, hadiste sayılan yedi günahtan en çok müptela olduğumuz şey *"faiz"*dir. Çünkü Müslimler –istisnaları olsa da– şirkten uzak duruyor, sihirle uğraşmıyor, insanları öldürmüyor, yetimlerin mallarını yemiyor, hatta onlara kendi mallarını yedirmek için birbirleriyle yarışıyor, savaş olmadığı için savaştan kaçmaları söz konusu değil ve iffetli bacılara iftira etmiyorlar... Yani bu sayılan helak edici günahlar, gerçekten tevhidî camia içerisinde neredeyse yok gibi. Ama faiz öyle değil! Maalesef ki hayırlı

---

1. *Buhari ve Müslim rivayet etmiştir.*
2. *Bk. Ebu Davud, 4278.*

bildiğimiz nice Müslim bile bu illete bulaşıyor ve faizle muamelede bulunarak helak edici bu günahın pençesine düşüyor. O yüzden bu hadisi iyi düşünmeli ve acaba bu helak edici günahlar içerisinde bende hangisi var diye bir iç muhasebe yapmalıyız. Aksi hâlde, her günah başka bir günahın habercisi olduğu için adım adım helake yaklaşır ve Allah muhafaza en sonunda sahip olduğumuz tevhidi de kaybederek cehennemi hak edenlerden olur gideriz.

Faizin en büyük günahlardan olduğunun bir diğer delili de şu ayettir:

"Ey iman edenler! Allah'tan korkun ve şayet müminlerseniz faizi terk edin. Şayet (faizli işlemleri) bırakmadıysanız (o hâlde) Allah'a ve Resûlü'ne savaş ilan edin!" [1]

Bu ayeti Allah için bir kere, sonra bir kere, sonra bir kere daha okuyun...

Niye mi?

Çünkü Allah, Kur'ânında başka günahlar için böyle ağır bir ifade kullanmamış ve diğer cürümleri işleyenlere *"Ben ve Resûlüm sizinle savaş hâlindeyiz"* dememiştir. İşte bundan dolayı bu ayeti önemsemek ve önemseyebilmek için de tekrar tekrar düşünerek okumak gerekir.

Ayrıca Allah bu ayetinde kâfirlere değil, aksine iman ettiğini söyleyen biz muvahhid kullarına seslenmiştir. Mümin olduğu hâlde faizi bırakmayan, tevhid ehliyim dediği hâlde hâlâ faizle muameleye devam eden biz mümin kullarına... Kâfirlere veya imana önem vermeyen diğer sıradan insanlara bu hitabı yöneltseydi meseleyi anlamamız biraz daha kolay olurdu. Ama bu hitabı özellikle iman ettiğini söyleyen biz müminlere yöneltince, faizin Allah katında ne kadar kötü olduğunu bir kere daha iliklerimize kadar

---

1. 2/Bakara, 278-279

hissediyor, içimiz bir kere daha ürpertiyle doluyor ve bu tehdit karşısında ayaklarımızın bağı çözülüyor.

Burada bir inceliğe dikkat çekmek istiyoruz: Bazı mealler ayeti *"Şayet faizi bırakmazsanız, o zaman Allah'a ve Resûlü'ne savaş açtığınızı bilin!"* şeklinde anlamlandırmıştır. Bu anlamlandırma her ne kadar yanlış değilse de, ayetteki tehdidi tam yansıtmadığı için kısmen yetersizdir. Çünkü ayette anlatıldığına göre savaşı açan biz değiliz; aksine savaşı açan Allah ve Resûlü'dür!

Peki, ikisi arasında ne gibi bir fark var?

Çok fark var...

Şöyle ki: Eğer insan Allah ve Resûlü'ne savaş açarsa bu hiçbir zaman onlara zarar vermeyecektir. Yani insanoğlunun Allah'a ve Resûlü'ne savaş açmasının hiçbir kıymet-i harbiyesi yoktur. Sen Allah'a savaş açsan ne olur ki? Ama Allah ve Resûlü bir insana savaş açarsa bu savaştan zararlı çıkan tek taraf vardır, o da o insandır. Bu nedenle Allah ve Resûlü'ne savaş açmayla, Allah ve Resûlü tarafından savaşa maruz kalma arasında çok ciddi bir fark vardır ve bu farkı iyi anlayanlar daha samimi bir şekilde faizden uzak dururlar.

Bu inceliği anladıktan sonra şimdi gelin, bu haramın tehlikesini içimizde derinlemesine hissedebilmek için ayetteki o cümleyi bir kere daha okuyalım:

"Şayet (faizli işlemleri) bırakmadıysanız (o hâlde) Allah'a ve Resûlü'ne savaş ilan edin!"

Allahu ekber!

Rabbim! Biz Senden razıyız. Senin haramından uzağız. Yeter ki sen bize öfkelenme, sen bize harp ilan etme. Biz kendimizi ıslaha, daha da iyi kul olmaya yönlendirmeye çalışacağız.

İnsan bu tehdidi okuduktan sonra *"estağfirullah"* demekten ve şayet böylesi bir pisliğe bulaşmışsa Allah'tan bağışlama istemekten başak bir yol bulamıyor. Allah'ım! Varsa şayet böyle bir yanlışımız, şimdiden senden bağışlamanı ve bize öfkelenmemeni diliyoruz. Sen affı ve mağfireti bol olansın Rabbim!

İnsan, içerisinde yaşadığı şu toplumun genelinin bu harama bulaştığını düşündükçe bu ayeti bir türlü geçemiyor ve *"Nasıl bir toplumda yaşıyormuşuz!"* diyerek hayret etmekten kendini alamıyor. Bu ayet, gerçekten de öyle hemen okunup geçilecek bir ayet değil. Belki de Kur'ân'daki en ağır tehditlerden birisini ihtiva ediyor. Allah bu ayetinde faiz konusunda mümin kullarına öyle bir tehditte bulunuyor ki, Kur'ân'ında onlar için böylesi ağır bir tehdidi başka bir günah için kullanmış mı bilmiyoruz. Şimdi bunu bilen birisi nasıl olur da ayeti bir çırpıda geçer? Nasıl olur da onun üzerinde gerekli düşünme ve tefekkürü gerçekleştirmez? Nasıl olur da ondan gerekli vaaz ve öğüdü almaz? Tüm bunlardan sonra nasıl olur da hâlâ faizle muamele etmeye devam eder? Bunu anlamak gerçekten de mümkün değil! Acaba Allah'tan korkusu olan siz kardeşlerim, bunu anlayabiliyor, algılayabiliyor mu? Rabbim bu harama bulaşan tüm kardeşlerimizi bir an önce ondan kurtarsın.

İşte bu ayetin tehdidinden bir kere daha idrak ediyoruz ki, faiz denen melanet Allah katında hakikaten çok ağır bir cürümdür. Bu nedenle Allah için faizin her türlüsünden; azından çoğundan, küçüğünden büyüğünden sakınmalı ve Allah'ın düşmanı olarak değil, dostu olarak bir hayat yaşamanın çabası içerisinde olmalıyız.

Kredi Kartı ve POS Cihazı

Faiz meselesine değinip, günümüzde bunun en yaygın şekilde kullanıldığı vasıta olan *"kredi kartlarına"* ve *"POS makinelerine"* değinmemek olmaz. Bu konuya değineceğiz ama öncesinde önemli gördüğümüz bir meseleye temas etmek istiyoruz:

Şunu hiçbir zaman aklımızdan çıkarmamalıyız ki, batıl bizi günaha düşürebilmek için günahı bize kötü hâliyle pazarlamaz; aksine onu süsler, altın yaldızlı cümlelerle şekillendirir, kulağa hoş gelen ifadelerle onu kaplar ve neticesinde bizi ağına düşürür.

Şimdi bir düşün...

Eğer batıl sana gelse ve zamanın bir döneminde yapıldığı gibi birisinden borç alınıp vaktinde ödenmediğinde *"Kardeşim o zaman şu kadar faiziyle ödeyeceksin."* şeklinde itici bir üslup ve kelime ile seni faize davet etse, sen buna yanaşır mısın? Ama o şimdileri sana geliyor ve seni de ağına düşürebilmek için çok yaldızlı cümleler kullanıyor. Sana *"kredi"* diyor, *"vade farkı"* diyor, ödemediğin takdirde *"gecikme bedeli"* diyor ve bu şekilde farklı kelime ve cümlelerle faizin o korkutucu ismini senin zihin dünyanda basitleştiriyor. Ve onu sana süslüyor. Eğer sen Rabbinin, şeytanın haramları süsleyeceği noktasındaki uyarı ve ikazından gafil isen, bir de bakıyorsun ki bir anda Allah'ın en galiz haramlarından birisi olan faizin pençesine düşmüş ve hiç ummadığın bir şekilde onunla muamele eder olmuşsun!

İşte bu nedenle şeytanın ve onun çağdaş dostlarının yaldızlı sözlerine karşı uyanık olmayı asla göz ardı etmemelisin. Ve bilmelisin ki şeytan ve dostları insanları kötü üsluplarla değil, aksine çok çekici ve cazibeli metotlarla kandırır. Burayı iyi kavrarsan, bugün kâfirlerin faize farklı ve çekici isimler takmasına ve onu yaldızlı cümlelerle pazarlamasına aldanmazsın. Ama burayı iyi idrak edemezsen, bu gün olmasa yarın birisi gelir ve bir anda seni faiz günahının ağına düşürüverir de sen de neye uğradığını şaşırırsın. Unutmamak gerekir ki mümin, olaylara Allah'ın nuruyla bakan basiretli ve firasetli insandır.

Bu girişten sonra şimdi kredi kartı meselesine değinebiliriz.

İşin başında şu hakikate dikkat çekmemiz gerekir ki, mevcut sistemdeki bankalar insanlara kredi kartı verirken onlara iyilik etmek, onlara fayda sağlamak için değil, aksine onları faize düşürüp bundan para kazanmak için kart veriyor. Bunun aksini söylemek saflıktan başka bir şey olmaz. Onların bütün çabaları, bizim söylediğimiz maksadı doğrular niteliktedir.

Meselenin hükmüne gelince, o da şöyledir: Kredi kartı kullanmak yaşadığımız ülkedeki mevcut bankaların ön gördüğü şartlar ve anlaşmalar çerçevesinde caiz değildir. Bunun caiz olmayışının elbette birçok gerekçesi vardır. Bunların yeri burası değildir. Onun için sadece hüküm cümlesini zikretmekle yetindik.

Biz bu hükmü net bir şekilde ifade edince çoğu zaman kardeşlerimizin *"Hocam, ama biz vaktinde ödüyoruz. Bu nedenle niçin caiz olmasın ki?!"* dediğine şahit oluyoruz. Bu kardeşlerimiz, sadece kredi kartlarını vaktinde ödeme meselesine endekslendikleri için bu kadar şaşkınlığa kapılıyorlar. Oysa kredi kartını vaktinde ödeyip ödememe meselesi ikinci etapta konuşulacak bir meseledir. Ondan önce bu kartların hangi şartlarda alındığına bakmak gerekir. Bildiğimiz kadarıyla şu an için Türkiye'deki tüm bankalar, bu kartları müşterilerine vermeden önce onlara parayı vaktinde ödememeleri durumunda belirli bir oranda faiz vermeyi kabul etme şartını koşuyorlar. Ve müşterileri bunu kabul ettiğine dair bir belgeyi imzalamadan asla kredi kartını kendilerine vermiyorlar. Şimdi bu durumda borcu vaktinde ödeyip ödememe meselesini mi konuşmak gerekir, yoksa bu şartın kabulünün caizliğini mi? Acaba bir Müslim *"Ben faiz ödemeyi şimdiden kabul ediyorum."*

şeklinde önüne konan bir belgeyi nasıl imzalayabilir, böylesi bir şartı nasıl kabul edebilir?

Bildiğimiz kadarıyla böylesi bir belgeyi imzalamanın kendisi caiz değildir. Eğer bundan sonra adam borcunu gününde ödemez ve bu nedenle uhdesine bir de ekstradan faiz eklenirse, o zaman kişi ikinci kez günaha girmiş olur. Yani mesele sadece gününde ödeyip ödememe meselesi değildir. Asıl mesele bu kartın hangi şartlar altında sana verildiği meselesidir.

Ayrıca birçok Müslim'in kredi kartı borçlarını ödeyemediğinden dolayı faize bulaşması, iflas edip ağır faiz borçları yüzünden köşe bucak kaçar duruma düşmesi, hatta baskılar nedeniyle intiharın eşiğine gelmesi ve bu kartların israfa ve hesapsız harcamalara yol açması gibi acı gerçekler, bu melanetten uzak durmamız için yeterli sebeplerdir. Birilerinin iddia ettiği gibi kartların hayatı kolaylaştırmasından daha fazla hayatı çekilmez hâle getirdiği kesindir. Bu nedenle Müslimlerin bundan sakınması zaruridir.

POS makinesi kullanma meselesine gelince; bunda da tıpkı kredi kartı gibi birçok mahzur vardır. En büyük mahzur ise herhâlde taksitle mal alıp gününde ödemeyen müşterilerin faize bulaşmasına aracılık etmektir. Rabbimiz günaha aracılık etmememiz konusunda şöyle buyurur:

"... İyilik ve takva üzere yardımlaşın. Günah ve haddi aşma üzerine yardımlaşmayın. Allah'tan korkup sakının. Şüphesiz ki Allah, cezası çetin olandır." [1]

Resûlullah (sav) şöyle buyurur:

"Allah faizi yiyene, yedirene, ona kâtiplik yapana ve ona şahitlik edenlere lanet etsin!" [2]

Müslim, bu kâfir ve tefeci bankaların yaptığı taksitlen-

---
1. 5/Mâide, 2
2. Ebu Davud, Tirmizi rivayet etmiştir.

dirmelere ve bunun üzerinden faiz kazanmalarına aracı olmamalıdır. Müslim dükkânına POS cihazı koymadığında işlerinin azalacağını düşünmemeli, aksine günahı terk ettiği için Rabbinin kendisine bereketler ihsan edeceğini bilmelidir. Unutmamak gerekir ki çok kazanmak başka şey, bereket başka şeydir. Bazen az kazanan birisi, sırf üzerine inen bereket nedeniyle çok kazandığı hâlde bereketten mahrum olan birisinden uzun vadede daha kârlı olabilir. Müslim rızkın sadece Rabbinden geldiğini bilmeli ve şartlar ne olursa olsun günaha düşmeden bir ticaret çevirmenin peşinde olmalıdır.

Evet, belki bu kapitalist sistemde POS cihazı kullanmamak birçok müşteri kaybına neden olabilir. Ama şunu aklımızdan çıkarmamalıyız ki biz, dinimizi dünyamıza değil, dünyamızı dinimize feda etmekle mükellefiz. Allah için bu günah vasıtalarını terk edersek Allah onlardan daha hayırlısını bizlere ihsan edecektir. Bu bağlamda şu ayetler Müslim'in şiarı olmalıdır:

"... Kim de Allah'tan korkup sakınırsa (Allah,) ona bir çıkış yolu kılar. Ve onu hiç ummadığı yerden rızıklandırır. Kim Allah'a tevekkül ederse O, kendisine yeter." [1]

"Kim de Allah'tan korkup sakınırsa (Allah,) ona işinde kolaylık ihsan eder." [2]

Evet, sen Müslim bir tacir olarak asla bu pisliğe bulaşmamalı ve Rabbinden yardım isteyerek faizin her türlüsünden uzak durmalısın. Böyle davrandığında hayatının bereketle dolduğuna şahit olacaksın.

❀ ❀ ❀

Kardeşim, bu konuda söz uzar gider... Biz lafı uzatmak

---

1. 65/Talak, 2
2. 65/Talak, 4

yerine kalbe tesir etmesi açısından faizin kötülüğüyle alakalı iki hadis naklederek bu konuyu noktalamak ve ticaretinle alakalı birkaç hususun daha altını çizerek bu meseleyi tamamlamak istiyoruz. Şimdi kalbinin derinliklerinde hissederek şu ürpertici hadisleri bir oku. Dikkatle oku ki, faizin pisliğine bir kere dahi olsa asla bulaşmayasın.

Efendimiz (sav) buyurur ki:

"Kişinin bildiği hâlde bir dirhem faiz yemesi otuz altı zinadan daha kötüdür." [1]

"Faiz yetmiş iki bölümdür. En hafifi bir kişinin annesiyle ilişkiye girmesi gibidir." [2]

24. Ticaretle Alakalı Muhtelif Nasihatler

Değerli kardeşim, bu konunun ardından son olarak maddeler hâlinde sana birkaç nasihatte bulunmaya çalışacağız. Sen bu hususlara dikkat ederek Allah'ın razı olduğu bir tacir olma yolunda daha da ilerleyebilirsin.

Şimdi bu nasihatlerimizi maddeler hâlinde şu şekilde zikredebiliriz:

• Ticareti Allah'a kulluk olarak gör ve sadece Allah'ın rızasını kazanmak için ticaret yap.

• Ticaret yaparken modelin, sünnet-i seniyye ve selef-i salihinin uygulamaları olsun.

• İnsanların rızasını ve senden hoşnut olmalarını değil, Allah'ın senden razı olmasını hedefle.

• Ticaretinde tevekkülü elden bırakma. Şartlar ne olursa olsun Rabbine güven ve bil ki O hiçbir zaman seni zayi

---
1. *Silsiletu'l-Ehâdîsi's-Sahîha,* 1033.
2. *Age.* 1871

etmeyecektir. **"Kim Allah'a tevekkül ederse O, kendisine yeter...."** [1]

• Takva ticaretinin temel azığı olsun.

• Ticaretinin fıkhını öğren; çünkü yaptığı işin fıkhını bilmeyenler onunla alakalı günahlardan kendilerini koruyamazlar. Ömer (ra) der ki:

"Pazarlarımızda ancak (yaptığı işin) fıkhını bilenler alışveriş yapsın; aksi hâlde istese de istemese de faiz yer." [2]

• Adı konmamış ticaretten, fiyatı belirli olmayan malları alıp-satmaktan sakın; çünkü bu, Efendimizin yasakladığı bir alışveriş türüdür.

• Müşterin tanıdık olduğu zaman senden bir şey almak isteyip fiyat sorduğunda *"Al, sonra ayarlarız."* deme! Çünkü bu da adı konmamış ticarettir ve ileride ihtilaflara neden olur.

• Patronsan işçilerinin haklarına, işçi isen patronunun hakkına riayet et. Unutma ki kul hakkı, şehit bile olsan hak sahibi hakkından feragat etmediği sürece affedilmeyecek bir günahtır.

• Mal alıp satarken çok yemin etmekten sakın; çünkü bu kıyamet günü Allah'ın sana bakmamasına, nazar etmemesine sebebiyet veren bir ameldir.

• Doğruyu yansıtmayan reklamlardan sakın.

• Dünyaya hak ettiği değeri ver. Onun için dinini, aileni ve arkadaşlarını ihmal etme.

• Birinci hedefin dinin olsun, kalan zamanını dünyaya ayır. Sakın ha hedefine dünyayı koyup kalan zamanını dine ayırmaya kalkışma. Unutma ki sahabenin de tarlası tapanı, malı mülkü vardı; ama Resûlullah onlara, bir görev

---

1. 65/Talak, 3
2. *Fıkhu't-Taciri'l-Müslim*, s. 10.

verdiğinde aylarca sürecek olmasına rağmen Resûlün emrini dünyalıklarına tercih ediyor ve bu şekilde dinlerini dünyalarına takdim ediyorlardı.

• Ticaretine günah karışacağı için ara ara malından infakta bulun. Hatta gelirinin belirli bir yüzdesini buna ayırabilirsin. Bu sayede hem ticaretine bulaşan günahlardan arınmış olursun hem de Rabbinin rızasını kazanmış olursun.

• Mal satarken iyilerini öne koyup kötülerini arkaya koyarak müşterilerini kandırma. Bu hem şahsına hem de temsil ettiğin inanca zarar verir.

• Çalıştığın işyerinin sırrını ifşa etme; çünkü işyerinin sırrı *"emanet"* hükmündedir. Müslim ise emanete herkesten daha çok riayet eden insandır.

• Malını helalinden kazan, harcama yaparken de harama düşme; çünkü kazandığından sorulacağın gibi, harcadığından da sorulacaksın.

• Şüpheli her türlü alışverişten uzak dur; zira şüphe kalbi kemiren bir hastalıktır.

• Ölçü ve tartıda hile yapma. Belirli aralıklarla tartını kontrol ettir; aksi hâlde Allah'ın *"veyl"*ine çarptırılabilirsin.

• Malının kusuru varsa ve sen de bunu biliyorsan muhakkak bunu müşterine bildir. Empati yaparak, yani kendini onun yerine koyarak davran. Bu ilk bakışta kaybettirir gibi gözükse de neticede muhakkak kazandırır. Özellikle araba, cep telefonu ve elektronik eşya alım satımlarında buna çok dikkat et.

• Eline sahte para geçmişse, sakın ha onu başkalarına verme. Zarar sende olsun; çünkü İslam'da zarar vermek de, zarara zararla karşılık vermek de yoktur.

• Malını daha iyi satmak için bağırıp çağırma. Bu, Peygamberimizin ahlakından değildir.

- Borçlarını vaktinde öde ve bu şekilde esnaflara güven ver.

- Müşterilere kolaylık sağla, insanların durumlarını gözet, yeri geldiğinde az kâr ile bazen de maddi kâr hesabı yapmadan müşterilerinin işlerini gör.

- Müşterilerine fırsat ve imkân buldukça hediye ver. Hediyelerinde de onların hidayetine vesile olacak şeyleri gözet.

- Müşterilerine ve misafirlerine yemek, çay, kahve vs. ikram et, cimri olma.

- Ticaretin dolayısıyla namazını asla kaçırma ya da son ana kadar tehir edip onu zayi etme.

- Hâlinden şikâyet etme, şükretmeyi bil.

- Ekonomik yönden kendi üstündekilere değil, altındakilere bak, böylece devamlı şükür üzere olursun

- Asla insanların elindekilerden dolayı haset etme, kanaatkâr ol.

- Karşı cinse mal satarken senli benli olmaktan sakın; gözünü, elini ve dilini koru.

Buradaki tüm doğrular Rabbimizin bize öğrettiklerinden, yanlışlarsa bizim kâsir nefsimizdendir. Rabbimizden kendimiz ve sen değerli tacir kardeşimiz için af ve afiyet istiyoruz. Rabbim hepimizin ticaretini helalinden eylesin. Bizi helaliyle yetindirsin, harama tevessül ettirmesin ve ticaretimizi ahireti kazanmaya vesile kılsın. (Allahumme âmin, Allahumme âmin)

Artık dualarda buluşmak dileğiyle, fî emânillâh...

Notlar

Notlar

Notlar

Notlar

Notlar